Schnitzlers
Wien

Anne-Catherine
Simon

Schnitzlers
Wien

Pichler Verlag

ISBN 3-85431-278-4
Pichler Verlag im Internet: www.pichlerverlag.at

Umschlag- und Buchgestaltung:
Bruno Wegscheider

Umschlagbild vorne:
Arthur Schnitzler, August 1927
Bild Seite 1: „Weihnachtseinkäufe". Foto d'Ora, 1912
Bild Seite 2/3: Arthur Schnitzler, 1931
Bild Seite 5: Arthur Schnitzler, 1921
(Fotos aus dem Deutschen Literaturarchiv
Marbach am Neckar)
Bild Seite 6: „Panorama der erweiterten Stadt Wien"
(um 1873) von Gustav Veith
(Hist. Museum d. Stadt Wien)

Reproduktion: Pixelstorm, Wien
Druck: Druckerei Theiss GmbH, Wolfsberg

INHALT

7   EINLEITUNG

10   KINDHEITS-, JUGEND-,
JUNGGESELLENWOHNUNGEN

19   LEHRJAHRE

27   LIEBESGÄRTEN

35   IM KAFFEEHAUS

42   PRATERVERGNÜGEN

56   ZAUBER DER VORSTADT

66   THEATER

77   BICYCLE-TOUREN

85   SOUPIEREN

94   DIE URALTE STADT

99   WOHNEN IN WÄHRING

110   EINSAME WEGE –
WEGE INS FREIE

122   VOM PANORAMA ZUM KINO

129   ZEITTAFEL

130   VERZEICHNIS DER
BEHANDELTEN ORTE

131   DANKSAGUNG

131   DIE AUTORIN

132   BILDNACHWEIS

EINLEITUNG

Wien um 1900 – Fin de Siècle: Kaum ein Phänomen österreichischer Geschichte ist heute so sehr Gegenstand von Verzaube-
rung und Nostalgie wie dieses. Lebendiger denn je ist die Vorstellung einer „in Schönheit sterbenden" k. u. k. Hauptstadt, in
der Glanz und Niedergang eine verführerische Verbindung eingehen. Anteil an diesem Mythos hat nicht zuletzt die Kunst, die
um die Jahrhundertwende auf dem Boden der Metropole entstanden ist: die Hingabe an das sich selbst genügende Ornament
in den Werken des Jugendstils; die schwelgerischen spätroman-
tischen Klangwolken Gustav Mahlers oder auch des frühen
Schönberg; die feinnervigen Miniaturen Peter Altenbergs oder
die in ihrem abgeklärten Ästhetizismus vollendeten Jugendge-
dichte Hugo von Hofmannsthals. Die Kunst spiegelt aber nicht
nur die Endzeitstimmung der untergehenden Monarchie, sie ist
zugleich ein Beispiel für den geistigen Aufbruch jener Zeit,
ebenso wie die Wissenschaft – man denke nur an das Wirken des
weltweit berühmtesten Wieners jener Zeit, Sigmund Freud.
Dass die zerfallende Kultur eines fast schon aus der Geschichte
entlassenen Reichs bahnbrechende Neuerungen auf dem Gebiet
der Psychologie, der Philosophie, der Musik, der Architektur,
der Bildenden Kunst hervorbrachte: dieses Ineinander von
Anfang und Ende, Traditionalismus und Modernität macht das
eigentliche Faszinosum des Wiener Fin de Siècle aus.
Janusköpfig erscheinen aber auch die politischen und gesellschaftlichen Verhältnisse jener Zeit. Stagnation und Resignation
prägten die Politik, aber auch die Atmosphäre jener oberen
Bereiche der Wiener Gesellschaft, die vom Niedergang der
Reichsmacht vor allem betroffen waren: der Aristokratie, der
kaiserlichen Bürokratie – und des liberalen Bürgertums, dem
sehr viele assimilierte Juden angehörten. Dieses hatte erst wenige Jahrzehnte zuvor seine Glanzzeit gefeiert, von der heute noch
die Ringstraße ein strahlendes Zeugnis gibt. Seit den achtziger
Jahren des 19. Jahrhunderts wurde es aber zunehmend in seiner
Substanz bedroht, und zwar von den großen „Aufsteigern"
jener Jahre: den politischen Massenbewegungen – sozialisti-
schen, nationalistischen und christlich-sozialen – sowie einem
immer aggressiveren, in sämtliche Lebensbereiche der Gesellschaft dringenden Antisemitismus.

Zu den Kindern der bedrohten liberalen Kultur im Wien der Jahrhundertwende zählten unter anderem die jungen Schriftsteller – Söhne aus wohlhabenden, meist jüdischen assimilierten Familien. So auch jener Dichter, der nicht nur wichtigster Repräsentant, sondern in gewissem Sinn auch ein Schöpfer des Wiener „Fin de Siècle" ist: Arthur Schnitzler.

War die Henne früher oder das Ei? Schnitzler oder das „Fin de Siècle", wie man es vor allem aus seinen frühen Werken ableitet? Bevölkert von „leichtsinnigen Melancholikern" à la Anatol, „süßen Mädeln" und komplizierten „Mondänen", gestimmt zwischen Lebenslust und Überdruss, unbefangener Dekadenz und Angst vor dem Tod? Keiner hat so sehr das Lebensgefühl seiner Zeit eingefangen und zugleich deren Bild für nachfolgende Generationen geprägt wie Schnitzler. *Leichtsinn und Eleganz, grundiert durch Melancholie* (Hartmut Scheible): das ist die typische Fin-de-Siècle-Stimmung, die viele seiner Figuren verkörpern. Schnitzler hat aber nicht nur den schönen Schein jener Epoche verewigt, sondern darin auch die Zeichen des Zerfalls sichtbar gemacht. Identitätsverlust, soziale, aber auch ökonomische Verunsicherung, Angst, Aggression bestimmen etwa das Bewusstsein des Leutnant Gustl in der gleichnamigen Erzählung – eines Vertreters ausgerechnet jener Institution, die wie keine andere die Einheit und Würde des Habsburgerreiches symbolisierte. Besonders deutlich hat Schnitzler die Schattenseiten seiner Zeit in *Der Weg ins Freie* gezeigt – seinem *Wiener Roman* über eine in ihrer Existenz und ihrem Selbstverständnis bedrohte Gesellschaft im Bann des Antisemitismus. Neben den Dramen, Romanen und Erzählungen hat der Dichter aber auch noch ein anderes wichtiges Werk hinterlassen: seine Tagebücher, die nicht nur eine gewaltige Lebenschronik, sondern zugleich auch ein Zeitdokument von besonderem Wert darstellen.

Die Gesellschaft, deren Psychogramm Arthur Schnitzler in seinen Texten entworfen hat, ist nicht auf irgendeinem österreichischem oder gar europäischem Boden gewachsen. Sie ist ebenso innig mit Wien verbunden wie Schnitzler selbst, der hier den Großteil seines Lebens verbracht hat. Wien (und Umgebung) bildet auch den Hintergrund fast aller seiner Werke. Diese Stadt, strahlende Metropole und pulsierendes Herz der Donaumonarchie, aber auch Ballungszentrum von Krisensymptomen und Widersprüchen, ist für den Dichter mehr als eine zufällige „Dekoration", mehr als eine Lieferantin von Lokalkolorit; sie bildet eine unlösbare Einheit mit dem Geschehen und den Gestalten in seinem Werk. Das ist einer der Gründe, den Orten in Schnitzlers Leben und Dichtung Aufmerksamkeit zu schenken. Ein anderer ist die Verbindung von Orten und Erinnerung, die auch in Schnitzlers Texten eine bedeutende Rolle spielt: Orte erscheinen bei ihm als „Überreste" von Vergangenem, als Bindeglieder zwischen Einst und Jetzt. In ihnen konkretisiert sich ein Schnitzler'sches Grundmotiv: das Paradox, dass etwas als vergangen und doch gegenwärtig erfahren wird, als gegenwärtig und doch vergangen. Eben dies fasziniert auch spätere Generationen an einer Stadt wie Wien; denn sie enthält nicht nur persönliche, sondern auch kollektive „Gedächtnisorte": Die Ringstraße etwa, das Burgtheater, der Prater, das Hotel Imperial – sie sind zu Symbolen geworden, zu Kristallisationspunkten österreichischer Identität. Nicht nur im Hinblick auf Schnitzler, sondern auch als Mosaikstein österreichischer Vergangenheit ist „Schnitzlers Wien" also interessant.

Das vorliegende Büchlein richtet sich an Schnitzler- ebenso wie an Wien-Freunde. Es stellt in detaillierter Form die Orte vor, die im Leben des Autors und in dessen Werk eine wichtige Rolle spielten, und spürt die vielfach unbekannten Beziehungen zwischen Wirklichkeit und Dichtung auf. Zugleich soll es auch in verschiedensten Facetten einen Eindruck vom Wiener Leben der damaligen Zeit vermitteln. Schnitzlers Wien ist das Wien, in dem der Dichter gelebt hat, und es ist zugleich sein „inneres" Wien, ein erinnertes und erdichtetes. Dass das eine vom anderen nicht sinnvoll zu trennen ist, hat Heimito von Doderer gewusst, als er über Schnitzler schrieb:

Wer die Aura eines Ortes, seiner Menschen und Dinge zu fassen, zu gestalten und zu bannen vermag, erschafft jenen Ort, seine Menschen und Dinge noch einmal. Hierin liegt die historische Bedeutung Arthur Schnitzlers, der das in bezug auf Wien vollbracht hat und – eben dies macht das Geschichtliche seiner Tat aus – als Erster.

KINDHEITS-, JUGEND-, JUNGGESELLEN-WOHNUNGEN

Arthur Schnitzler und die Ringstraße sind Kinder derselben Zeit.
Der Franzensring (heute Dr.-Karl-Renner-Ring) um 1881/82.

Die Wohngeschichte von Schnitzlers Familie ist Teil einer exemplarischen Erfolgsgeschichte jüdischer Assimilation. Arthur Schnitzler hat die erste Hälfte seines Lebens in der Inneren Stadt gelebt. Vom glanzvollen Wien der Ringstraßenära sind er und sein Werk tief geprägt. Geboren ist er aber jenseits des Donaukanals: in der Leopoldstadt, dem zweiten Wiener Gemeindebezirk. Zufall? Nein. Die Leopoldstadt war zu jener Zeit eines der Zentren jüdischen Lebens in Wien; hier sah man prächtigste Tempel ebenso wie bescheidene Bethäuser; hier befanden sich das Jüdische Gymnasium und die Produktenbörse, der Umschlagplatz jüdischer Handelsinteressen. Arnold Schönberg wurde hier geboren, Sigmund Freud verbrachte hier seine Jugend. Und hier wohnten auch die Familie und die Verwandtschaft des renommierten jüdischen Arztes und Publizisten Philipp Markbreiter. Dessen Tochter Louise heiratete einen jungen Mann aus der ungarischen Provinz. Er war einer der vielen ostjüdischen Zuwanderer, die zu dieser Zeit in der Hauptstadt ihr Glück versuchten. Nur wenigen aber war so viel Erfolg beschieden wie diesem tüchtigen Medizinstudenten, der auf seine Promotion eine steile Karriere als Kehlkopfspezialist folgen ließ. Sein Name war Johann Schnitzler, und sein erster Sohn erhielt den Namen Arthur.

JÄGERZEILE 16
(2., HEUTE PRATERSTRASSE 16)

Arthur Schnitzler kam in der Jägerzeile zur Welt, die heute den unteren Teil der Praterstraße bildet (die Umbenennung erfolgte noch im Jahr von Schnitzlers Geburt). Die Familie wohnte zwar in der Vorstadt, aber durchaus standesgemäß. Immerhin war die Praterstraße die erste Vorstadthauptstraße Wiens, in der palastartig große Mietshäuser standen. Bis in die Mitte des 19. Jahrhunderts galt sie als die schönste Straße der Stadt. Während der kleine Arthur noch in Windeln lag, wuchs der Praterstraße in der Nähe allerdings schon eine übermächtige Konkurrentin heran: die Ringstraße.

Schnitzlers blieben nicht lange in diesem Haus, sodass Arthur die Leopoldstadt und die Praterstraße nur durch spätere Besuche bei den Großeltern kennen lernte. In seiner Autobiographie *Jugend in Wien* erinnert er sich:

Die Leopoldstadt war zu jener Zeit noch ein vornehmes und angesehenes Viertel, und inbesondere ihre Hauptstraße, in der auch das Carltheater stand, wußte etwas von ihrem Glanz auch über die spärlichen Stunden hinaus zu bewahren, da in Equipagen und Fia-

*Die Leopoldstadt, Zentrum jüdischen Lebens im alten Wien:
Orthodoxe Juden aus Galizien auf dem Karmeliterplatz, um 1915.*

*Oben: Arthur Schnitzlers Geburtshaus in der Jägerzeile (Fotografie
um 1900). Die Wohnung der Familie lag im dritten Stockwerk.
Unten: Praterstraße um die Jahrhundertwende (Blick stadtauswärts).
Links die Circusgasse (Schnitzlers Großeltern wohnten seit 1870
im Haus Nr. 2), ganz links das Carltheater.*

*kern die große, die elegante, die leichtlebige Welt von den Pferde-
rennen oder von Blumenfesten aus der „Hauptallee" zurückgesaust
kam. Gar oft genoß ich in meinen Kinderjahren dieses prächtigen
Anblicks von der Wohnung der Großeltern aus; auch später noch,
als sie bald aus dem Carltheatergebäude in ein Haus der Circusgasse übersiedelt waren, von dessen vorderen Fenstern man gleichfalls
auf die Praterstraße herabsah.* (Jugend in Wien)

SCHOTTENBASTEI 3 (I.)

Mit der zionistischen Bewegung hätte Johann Schnitzler wohl ebenso wenig anzufangen gewusst wie später sein mit Theodor Herzl eine Zeit lang gut befreundeter Sohn; er strebte nach Assimilation und Aufstieg in die großbürgerliche Gesellschaft – und dazu gehörte auch der entsprechende Wohnort. Als die Leopoldstadt zum mitteleuropäischen Zentrum des Zionismus wurde, war die Familie Schnitzler längst daraus verschwunden. Bald nach der Geburt ihres ersten Sohnes übersiedelten die Eltern nämlich in den ersten Bezirk, an die Schottenbastei, die zu diesem Zeitpunkt freilich keine Bastei mehr war, sondern seit wenigen Jahren – 1860, um genau zu sein – nur noch eine ganz gewöhnliche Straße. An der Stelle des unbrauchbar gewordenen Festungsgürtels, der seit der Eingemeindung der Vorstädte 1850 nur mehr „im Weg stand", errichtete man gerade die ersten Ringstraßenbauten. In seinem historischen Drama *Der junge Medardus*, das zur Zeit Napoleons in Wien spielt, hat Schnitzler ein halbes Jahrhundert später die Basteien wieder auferstehen lassen, die er selbst nie gekannt hat. Nur eine dunkle, kaum greifbare Erinnerung knüpft sich daran, und zwar an die Löwelbastei

Arthur Schnitzler mit Eltern, Winter 1862/63. Das Visitenbild stammt aus dem Atelier von Emil Rabending, der auch Kaiserin Elisabeth und andere Mitglieder des Kaiserhauses fotografierte.

mit ihrem Paradeisgartel. Sie stand ungefähr an der Stelle des heutigen Burgtheaters und überlebte noch bis 1873:

Vor mir sehe ich einen grünen Rasen mit Blumenbeeten, zierliche Tische und Stühle vor einem länglichen, weißen Gebäude mit hohen Fenstern; zu Füßen eines weiblichen Wesens, das rechterseits auf einer Bank sitzt, spielt ein Kind in hellem Kleidchen; und irgendwo leuchtet ein roter Sonnenschirm. – Bin ich selbst dieses Kind? Ist das weibliche Wesen meine Bonne? Meine Mutter? (Jugend in Wien)

*Wien feiert den Frühling: Blumenkorso auf dem Weg durch die
Praterstraße in Richtung Praterstern.*

GISELASTRASSE 11
(1., HEUTE BÖSENDORFERSTRASSE 11)

*Etwa um 1868 übersiedelten wir in die Giselastraße 11, in dasselbe
Haus, sogar, irre ich nicht, in die gleichen Zimmer, von denen ich
einige im Beginn der neunziger Jahre als junger Arzt wieder bewohnen sollte.* (Jugend in Wien)

Warum lautete die Adresse Johann Schnitzlers um diese Zeit
dann so viel nobler, nämlich Kärntnerring 12? Ganz einfach: Es
handelt sich dabei um ein Haus mit zwei „Gesichtern": die eine
Fassade blickt auf den Kärntnerring, die andere auf die parallel
dazu verlaufende Bösendorferstraße, die damals Giselastraße

Wien – Blumencorso.

*Aufnahme um die Jahrhundertwende. Im Hintergrund
der Dogenhof und das Nordbahnhotel.*

hieß. Schnitzlers wohnten also offiziell schon an der Ringstraße, die Fenster ihrer Wohnung gingen aber auf die Giselastraße
mit dem nagelneuen Prachtbau des Ringstraßenarchitekten
Theophil Hansen: dem Musikverein. Aus eben diesem Gebäude
sah der siebenjährige Arthur eines Nachts *die Flammen ... her-
ausschlagen*, wie er Jahrzehnte später in *Jugend in Wien* erzählt.
Dass der Autor dieses heute fast vergessene Ereignis nicht näher
erklärt, zeugt vom Eindruck, den der Brand in Wien hinterlassen hat: Am 19. Jänner 1870 – wenige Tage nur nach dem
ersten Festball und wenige Stunden nachdem Clara Schumann
mit einem Konzert den kleinen Saal eröffnet hatte – brach in
der Garderobe des gerade erst fertig gestellten Hauses ein

*Wilde Gerüchte am Morgen nach dem Brand im Gebäude des Musik-
vereins: Artikel in der „Neuen Freien Presse" vom 20. Jänner 1870.*

Feuer aus. Nur wenig fehlte, und der prächtigste Saal der Wiener Musikgeschichte wäre, kaum dass er entstanden, auch schon
wieder Vergangenheit gewesen. So aber überzogen sich lediglich
die Ornamente mit einer dicken Rußschicht, und nach einem
Monat konnte der Bau neuerlich eingeweiht werden.

BURGRING 1 (I.)

1870, ein Jahr vor Schnitzlers Eintritt ins Gymnasium, endete
und gipfelte die Wohngeschichte der Familie endlich am Ziel
aller bürgerlichen Wünsche. Nun residierte sie nicht nur
formal, sondern tatsächlich an der Ringstraße: Die *schöne
Wohnung gegenüber dem sogenannten Kaisergarten [dem heutigen
Burggarten], in der wir unter allmäliger Ausbreitung über das
ganze Stockwerk bis zum Tode des Vaters 1893 verblieben,* befand
sich in einem der prächtigen neuen Wohnhäuser, die den Großteil des Baugrundes um die Ringstraße einnahmen. Die meisten
davon waren Miethäuser, baulich waren sie aber den alten Adels-
palais nachempfunden, weshalb man sie auch gerne „Miet-
paläste" nannte. In ihnen wohnte nicht nur der niedere Adel,
sondern vor allem jene Gesellschaft, die sich mit der Ringstraße
selbst ein Denkmal gesetzt hatte: das Großbürgertum, der
eigentliche Träger der herrschenden liberalen Kultur. Ihm gehörte auch Schnitzlers Vater, der erfolgreiche Arzt, an. Und sein
Sohn Arthur wuchs in diesem Milieu in fragloser Selbstver-
ständlichkeit auf: zusammen mit den Bäumen der Ringstraße,
die so alt waren wie er und in den siebziger Jahren noch das
vorstellten, was die Wiener liebevoll-spöttisch „Beserln" nennen.
Hundert Meter weiter wuchsen die riesigen Zwillinge, das

Oben: „Altes" und „neues" Wien: Die Löwelbastei mit dem Paradeis-
gartel kurz vor ihrem Abbruch, im Vordergrund die junge Ringstraße
mit Pferdetramway. Zeichnung von Emil Hütter, 1871.
Unten: Am Kärntnerring mischten sich Aristokratie und Groß-
bürgertum (Foto um 1875). Links das 1873 gegründete Hotel Imperial,
zwei Häuser weiter das Gebäude, in dessen rückwärtigem Teil
Schnitzlers 1868–70 wohnten.

Kunsthistorische und das Naturhistorische Museum, heran; von
der Neuen Hofburg, die heute schräg gegenüber der Wohnung
liegt, war noch lange nichts zu sehen: Erst 1889 begannen die
Bauarbeiten – da war Schnitzler aber bereits promovierter
Mediziner und nur noch sporadisch in der elterlichen Wohnung
anzutreffen. Grillparzerstraße 7 (zwischen Rathaus und Universität), Alserstraße 4 und abermals Giselastraße 11 (s.o.): so lau-
ten die Adressen des Studenten und des jungen Arztes – kurze

Diesen Ausblick genoss Schnitzler aus dem Fenster der elterlichen Wohnung. Vor dem Bau der Neuen Hofburg sah man über den Burggarten (r.) auf den Heldenplatz (l.) und die Alte Hofburg. (Foto um 1870; der Standort des Fotografen befindet sich etwa beim Haus Burgring 1.)

Episoden wie die Liebesgeschichten jener Lebensphase. Wirklich sesshaft wurde Schnitzler erst im Herbst 1893, nach dem Tod seines Vaters.

FRANKGASSE 1 (9.)

Das klassizistische Haus hinter der Votivkirche war gerade sieben Jahre alt, als Schnitzler und seine Mutter 1893 zwei getrennte Wohnungen darin bezogen. Vater Johann hatte hier seine ansehnliche Ordination gehabt, und sein Sohn eröffnete ebenfalls eine ärztliche Privatpraxis. Im Umkreis befanden sich die Stätten, an denen der junge Mann lernte und arbeitete: das Anatomische Institut, das Garnisonsspital, das Allgemeine Krankenhaus, die Poliklinik. Als Schnitzler in die Frankgasse zog, war diese Zeit freilich schon fast vorbei, denn wenige Monate später gab er seine Privatpraxis und zugleich seine medizinische Karriere auf, um sich fortan ganz dem Schreiben zu widmen. Die Wohnung behielt er allerdings noch bis zu seiner Heirat im Jahr 1903. Dieses Ereignis bedeutete auch in räumlicher Hinsicht eine entscheidende Zäsur in Schnitzlers Leben. Im Sommer jenes Jahres mietete er nämlich für sich und Olga eine Wohnung in Währing – und in Währing sollte er seine letzten drei Lebensjahrzehnte verbringen.

*Schnitzler gehörte „zu den besseren, meist sogar zu den Vorzugsschülern"
(„Jugend in Wien"). Das einzige „Befriedigend" hier: Religionskunde.*

Das Akademische Gymnasium
(I., Beethovenplatz)

Das Akademische Gymnasium besteht seit 1554 und ist somit das älteste Gymnasium Wiens. In der Bäckerstraße, wo es Anfang des 19. Jahrhunderts untergebracht war, drückte Franz Schubert die Schulbank; 1866 übersiedelte man in ein neugotisches Haus am Beethovenplatz, das vom selben Architekten stammt wie das Neue Rathaus. In den darauf folgenden zwei Jahrzehnten hatte das Akademische Gymnasium mehrere Schüler, die später für das literarische Leben in Wien Bedeutung erlangten: Peter Altenberg, der drei Jahre älter, Richard Beer-Hofmann, der vier Jahre jünger war als Schnitzler, aber auch den „Nachzügler" Hugo von Hofmannsthal, der ins Gymnasium eintrat, als Schnitzler bereits ein flottes Studentenleben führte. Alle vier entstammten dem gebildeten jüdischen Bürgertum. *Schaut euch das mal an! Mit so viel Juden hab ich in die Schul' gehen müssen!* Mit diesen Worten soll einer von Schnitzlers Klassenkollegen später als deutschnationaler Parteimann ein Klassenfoto unter seinen Gesinnungsgenossen herumgereicht haben. In der Tat: Von allen Wiener Gymnasien (mit Ausnahme des Jüdischen Gymnasiums) hatte das Akademische in der zweiten Hälfte des 19. Jahrhunderts den größten Anteil an Schülern jüdischer Herkunft. Sicher war es vornehmlich eine Domäne des

Der Prüfungssaal des Akademischen Gymnasiums im englisch-gotischen Stil. Nach einer Zeichnung von F. Jobst.

Großbürgertums, aber dass es auch Kindern aus bescheideneren Verhältnissen offen stand, zeigt etwa Schnitzlers Erinnerung an einen Griechischprofessor, der seinen *vorurteilsvolle[n] Groll gegen die Schüler aus wohlhabenderen Häusern* auch ihn spüren ließ.

1915 betritt Schnitzler nach dreieinhalb Jahrzehnten noch einmal den großen Prüfungssaal, in dem er seine Matura abgelegt hat. Hier liegen jetzt Verwundete. Schnitzler gehört nicht zu ihnen, anders als einen Weltkrieg später der Ich-Erzähler in Heinrich Bölls Erzählung *Wanderer kommst du nach Spa ...*, der sich als Verstümmelter in seiner alten Schule – ebenfalls ein humanistisches Gymnasium – wiederfindet. Schnitzlers lakonischer Kommentar im Tagebuch: *Nur prophezeit wäre das Leben sonderbar, – die Wirklichkeit ist selbstverständlich.*

DAS GARNISONSSPITAL
(9., VAN-SWIETEN-GASSE 1)

Am 1. Oktober 1882, drei Jahre nach Beginn des Medizinstudiums, trat der zwanzigjährige Schnitzler seinen Militärdienst als Einjährig-Freiwilliger an, und zwar im eben erst fertig gestellten k. k. Militär-Garnisons-Hauptspital Nr. 1 hinter dem Allgemeinen Krankenhaus. Dieses Spital bestand bis zum Jahr 1920, dann wurde es dem Allgemeinen Krankenhaus angegliedert.
Die militärärztlichen Eleven, berichtet Schnitzler in *Jugend in Wien*, standen militärisch nicht eben in hohem Ansehen. Sie wurden spöttisch „Mosesdragoner" genannt ...

... und es läßt sich nicht leugnen, daß manche unter ihnen, besonders unter den ungarischen und polnischen Juden, in Hinsicht auf militärische Haltung und Aussehen einiges zu wünschen übrigließen. Andere hingegen – es gab solche auch unter den Juden aller Nationen – verstanden es, in ihrer schon an und für sich offiziersmäßig zugeschnittenen Uniform vom ersten Tag der Einrückung an so säbelschlenkernd und martialisch aufzutreten, als wären sie mindestens Kadetten oder gar altgediente Offiziere in einem Husarenregiment. Gehörte ich gerade auch nicht zu dieser glänzenden Kategorie, so machte ich in der neuen Tracht immerhin eine leidliche Figur ... (Jugend in Wien)

Eine *leichte Stutzerhaftigkeit* war so ziemlich die einzige Veränderung, die sich am „uniformierten" Schnitzler bemerkbar machte. Im Übrigen verlief sein Leben dank des leichten und wenig zeitaufwendigen Dienstes wie bisher so unmilitärisch wie möglich, und so unmilitärisch wie möglich war auch seine Einstellung: *Im allgemeinen ... ist mir das ganze Militär ... ungeheuer zuwider*, heißt es am 16. 12. 1882 im Tagebuch; und ein halbes Jahr später: *... alles militärische langweilt mich, ja widert mich öfters an.* Dass Schnitzler anfangs, bevor er auf die Abteilung für Innere Medizin wechselte, dem Leichenschauhaus zugeteilt war, trug wohl auch nicht gerade zum Vergnügen bei. Nicht zuletzt die Abneigung

Die schneidige Uniform gehörte zu den wenigen Dingen, die Schnitzler am Militärdienst schätzte. (Foto 1882)

gegen das Militär bewahrte Schnitzler Jahrzehnte später, zu Beginn des Ersten Weltkriegs, vor jedem Anflug von Kriegshysterie. Seine Offizierscharge hatte er zu dieser Zeit schon lange verloren: durch die Erzählung *Leutnant Gustl*, in der

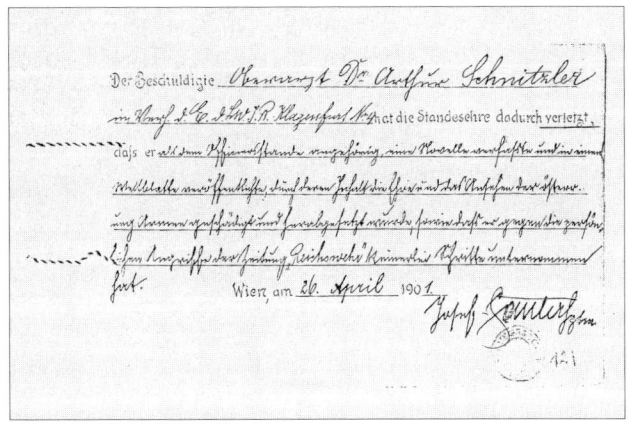

„Der Beschuldigte Oberarzt Dr. Arthur Schnitzler ... hat die Standesehre dadurch verletzt ...“ – Urteil des Militärgerichts in der Causa „Leutnant Gustl".

Schnitzler an einem Vertreter der k. u. k. Armee die Bewusst-
seinskrise seiner Zeit demonstrierte.

K. K. ALLGEMEINES KRANKENHAUS (9.)

Die Wiener Medizinische Schule des 19. Jahrhunderts wäre ohne
das Allgemeine Krankenhaus nicht denkbar. Joseph II. hatte die
Anstalt 1784 nach dem Vorbild des Pariser Zentralspitals, des
Hôtel Dieu, gegründet und damit eine Institution geschaffen,
die in der Medizin neue Maßstäbe setzen sollte. Ignaz Philipp
Semmelweis, Theodor Billroth und Karl Landsteiner zählen zu
den Berühmtheiten, die hier tätig waren. Der große Chirurg
Billroth, bei dem Schnitzler Vorlesungen hörte und sein chirur-
gisches Praktikum absolvierte, war ein begeisterter Lehrer und
tritt in Schnitzlers Tagebuch als *Prachtmensch* auf – obwohl der
Student der Chirurgie von Anfang an äußersten Widerwillen
entgegenbrachte. Nach seiner Promotion 1885 war Schnitzler

Das Allgemeine Krankenhaus, Heimat der Wiener Medizin:
Parkpartie im 1. Hof, im Hintergrund das Direktionsgebäude (1904).

an verschiedenen Abteilungen des Allgemeinen Krankenhauses
tätig. Am liebsten scheint ihm aber die Psychiatrie gewesen
zu sein. ... *da ich ein Stimmungsfex bin, liegt mir das Gebiet am*
nächsten ... , schreibt er, nachdem er Assistent von Theodor
Meynert geworden ist. Meynert war übrigens Lehrer eines
berühmten Wiener Zeitgenossen Schnitzlers, mit dem den
Dichter eine tiefe geistige Verwandtschaft verbindet: Sigmund
Freud.

Auch als Redakteur einer von seinem Vater gegründeten Fach-
zeitschrift trat Schnitzler hervor. Bei alledem blieb er freilich
das, was er bereits als Student gewesen war – ein Mediziner
wider Willen: *Es war eine Rieseneselei von mir – Mediziner zu
werden … Abgesehen von einer gewissen Schärfe des Blicks und
geklärten Anschauungen, in die mich das mediz. Studium einge-
führt hat, möchte ich, daß alles mir wieder genommen wird – oh ich
möchte frei, ganz einfach: ich möchte reich und ein Künstler sein.*
(Tb. 9. 5. 1886)

SEZIERSAAL IM ANATOMISCHEN INSTITUT
(9., ECKE SPITALGASSE/SENSENGASSE)

*Und so öffne ich die Tür und trete in den dunkeln, gewölbten Saal.
Ich nehme die Lampe aus einer Fensternische und zünde ein Licht
auf. Einen grünen Schirm breit ich um die Flamme und stelle sie zu
Häupten des Toten. Da fließt ein gelber Schein über das fahle,
regungslose Antlitz. Nur um den Mund scheint es leise zu zucken.
Ringsum die anderen Leichen liegen im Dunkel. Ich werfe den
schwarzen Mantel um die Schultern, nehme das Messer und das
übrige Werkzeug, um die Arbeit zu beginnen.* (Frühlingsnacht
im Seziersaal)

So gering Schnitzlers Beziehung zum Medizinstudium auch
war: Seine *Stimmungen …, um nicht zu sagen … Weltanschauung,*
wurden, wie er schreibt, von der Atmosphäre jener Räume
beeinflusst, in denen er als (angehender) Mediziner zu tun hat-

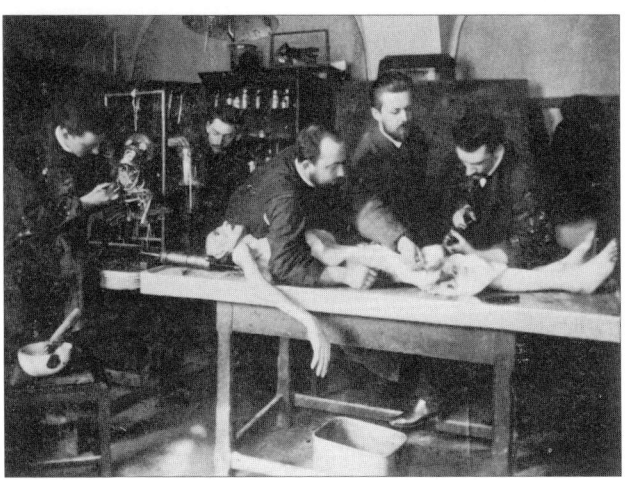

Gefäßinjektion an einer Leiche im Seziersaal des Anatomischen Instituts.

te. Schnitzler denkt dabei vor allem an den Seziersaal des Anatomischen Instituts; dieses befand sich seit 1862 im neu errichteten, palastartigen Leichenhaus auf dem Areal des Allgemeinen Krankenhauses, bevor es 1886 in die Währingerstraße übersiedelte. Im Seziersaal (der Name tut den drei niedrigen, im Erdgeschoß gelegenen engen Zimmern eigentlich zu viel Ehre an) sah der frisch immatrikulierte Student zum ersten Mal einen Leichnam – ein höchst ernüchterndes Erlebnis:

Zu Häupten des Sterbebettes ... steht der Tod gewissermaßen immer noch als gespenstisch große Erscheinung da; – in der Leichenkammer geht er, seiner Schauer entledigt, als eine Art von pedantischem Magister um, dessen der Baccalaureus glaubt, spotten zu dürfen. (Jugend in Wien)

Die ebenso desillusionierenden wie *wundersam düsteren* Eindrücke der Anatomie finden sich nicht nur in kleinen poetischen „Jugendsünden" wieder, sondern auch noch in einem von Schnitzlers Spätwerken: der *Traumnovelle*. Ihr Protagonist Fridolin, ein Arzt, sucht im Seziersaal den Leichnam einer geheimnisvollen Frau, die, wie er meint, für ihn gestorben ist – und wiederholt die schauderhaft nüchterne Erfahrung des Studenten Schnitzler: *Ob dieses Antlitz irgendeinmal, ob es vielleicht gestern noch schön gewesen – Fridolin hätte es nicht zu sagen vermocht – es war ein völlig nichtiges, leeres, es war ein totes Antlitz.*

POLIKLINIK
(9., SCHWARZSPANIERSTRASSE 5, MARIANNENGASSE 10)

Oh, mit welchen Waffen habt ihr uns damals bekämpft, du und die andern Ordinarii; mit welchen Mitteln habt ihr versucht, unser junges Unternehmen zu untergraben! Was habt ihr alles aufgebracht, um uns in der Meinung der Leute herabzusetzen, wie habt ihr uns verdächtigt und verfolgt! (Professor Bernhardi)

Drei Jahre nach seiner Promotion, 1888, wechselte Arthur Schnitzler vom Allgemeinen Krankenhaus an die Hals-Nasen-Ohren-Abteilung der Poliklinik, wo er bis zum Tod des Vaters als dessen Assistent tätig war. Die Poliklinik war das Lebenswerk Johann Schnitzlers, der sie 1872 mitbegründet und 1880 ihre Leitung übernommen hatte, und in der Zeit des liberalen Kapitalismus eine bemerkenswerte soziale Errungenschaft. Das

Ziel dieser Privatklinik, die seit 1892 in einem eigenen Gebäude in der Mariannengasse (9. Bezirk) untergebracht war, bestand nämlich nicht nur darin, jungen Ärzten eine Ausbildungs- und Übungsstätte zu bieten, sondern vor allem darin, sozial Benachteiligten eine kostengünstige medizinische Behandlung zu ermöglichen.

Über allzu großen medizinischen Eifer seitens seines Assistenten dürfte sich Schnitzler senior nicht beklagt haben. Immerhin führte der Sohn Experimente mit Hypnose zu Heilzwecken durch – wie der Arzt Paracelsus in Schnitzlers gleichnamigem Einakter. Lieber beschäftigte er sich in dieser Zeit aber wohl mit dem *Anatol*-Zyklus, dessen Held ebenfalls von den Möglichkeiten der Hypnose fasziniert ist. Anatols Geliebte soll freilich im Hypnosezustand nicht geheilt, sondern über ihre Treue befragt werden – was für den Liebhaber schließlich doch ein zu riskantes Unternehmen ist.

Antisemitische Karikatur zum Aufführungsverbot von „Professor Bernhardi" in Pressburg („Kikeriki", 1913).

Tiefer als das medizinische Studium wirkte sich aber in Schnitzlers Werk das Studium des Antisemitismus aus, für das die von jüdischen Ärzten gegründete und dominierte Poliklinik reichlich Material bot: Die jahrelangen heftigen Angriffe von außen fanden innerhalb des Spitals ihre Fortsetzung, und auch Schnitzlers Vater bekam sie zu spüren. Einen Zwischenfall mit deutlich antisemitischen Zügen verarbeitete der Sohn viele Jahre später in einem Stück um den Begründer und Direktor eines Krankenhauses und privaten Forschungsinstituts, der zum Opfer antisemitischer Hetze wird: *Professor Bernhardi*.

LIEBESGÄRTEN

Liebe und Garten – eine uralte Verbindung. Zärtliches Paar im
Stadtpark, gezeichnet vom bekannten Wiener Maler und Grafiker
Felician Myrbach (um 1890).

Warum wohl gab und gibt es in Wien so viele Gärten? Die
Antwort darauf finden wir bei einem Kunstschriftsteller der
Jahrhundertwende, Arthur Rössler: Es hat mit den Frauen zu
tun. *Da die Frauen in Wien, wie bekannt, eine ganz besonders
große Rolle spielen, ist es erklärlich, weshalb die Gärten in dieser
Stadt mehr als in anderen Städten gepflegt werden.* Man könnte
ja noch andere Gründe dafür finden, aber vielleicht keine
schöneren – und keine passenderen im Hinblick auf Schnitzler.
Seine erotische „Karriere" nämlich beginnt in den Gärten Wiens.
Die vielen Parks längs der Ringstraße verdanken sich der
liberalen Stadtverwaltung, die in den sechziger und siebziger
Jahren des 19. Jahrhunderts einen großzügigen Ersatz für den
breiten Grüngürtel, das so genannte Glacis, schuf, das mit dem

Ringstraßenbau verloren gegangen war. Direkt am Ring entstand nach der schmalen Parkanlage am Franz-Josefs-Kai, dem so genannten Quaipark, 1862 der größte Ringstraßengarten – der Stadtpark. In Schnitzlers zweitem Gymnasialjahr, 1872, begannen die Arbeiten am Rathauspark. Das größte Projekt dieser Zeit, der Türkenschanzpark, lag allerdings an der Wiener Peripherie und sollte erst drei Jahrzehnte später für Schnitzler bedeutend werden. Neben diesen Neulingen behauptete sich freilich weiterhin der beliebte (1862 wesentlich erweiterte) Volksgarten. Den ebenfalls altehrwürdigen Augarten frequentierte Schnitzler kaum – er lag zu sehr abseits des „fashionablen" Wiens und war ein Garten der „kleinen Leute". Umso wichtiger aber wurde ihm ein Park, der heute nicht mehr öffentlich zugänglich und daher weniger bekannt ist: der Garten des Palais Schwarzenberg hinter dem Schwarzenbergplatz.

O ihr Wahnwitzigen, die ihr im Stadtparke ... frische Luft zu schöpfen meint!, ruft der Feuilletonist Daniel Spitzer im Sommer 1868 von seiner Grinzinger Sommerfrischenhöhe hinunter in die *Riesenstaubwolke, aus der nur der Stephansturm wie ein großer Auskehrbesen hervorragte.* Peter Altenberg dagegen setzt fünfzig Jahre später den Rathauspark, diese *Wiener Oase im staubigen Häusermeere*, jedem Kurpark in Karlsbad, Franzensbad oder Marienbad gleich. Beruhigend ist, dass die Wiener Luft bereits zu Schnitzlers Zeiten nicht die beste war – offenbar erfüllten filterlose Industrieanlagen und Kohleheizung die Funktion, die heute den Autos zukommt. Ob die städtischen Gärten Gesund-

Ruhiger k. u. k. Alltag zwischen Innerer Stadt und Leopoldstadt.
Links sind die Bäume des Quaiparks zu sehen.

brunnen oder nur *Staub im Staube* waren, spielte für Schnitzler allerdings kaum eine Rolle, da sie ihm lediglich als Kulisse für seine amourösen Abenteuer dienten.

Franz Josef-Kai. ✍ *Wien 1.*
6685 S. Ledermann, Wien I. ✍

„So machen wir uns über die ganze Welt lustig, sagt' ich ihr, während wir in dem einsamen Quaipark umherwandelten ... neben uns floss die Donau hin; wir aber hingen Lipp an Lipp und waren glücklich."
(Tb. 19. 1. 1880)

QUAIPARK (I.)

Längs des nordwestlichen Teils des Franz-Josefs-Kais, zwischen Stefanie- und Augartenbrücke, erstreckte sich seit 1860 eine Grünzunge, die die Kaistraße vom Donaukanal trennte: der so genannte Quaipark. Als die Parkanlage in den neunziger Jahren durch den Bau der Stadtbahn teilweise zerstört wurde (1903 bis 1904 wurde sie wieder rekonstruiert), war sie aus Schnitzlers Leben längst verschwunden, ebenso wie das Mädchen, mit dem er dort so zärtliche Stunden verbracht hatte: Bereits mit dreizehn Jahren hatten Franziska Reich vulgo Fännchen oder Fanny, eine im Nachbarhaus wohnende Kaufmannstochter, und er *beschlossen, sich ineinander zu verlieben*; doch erst gegen Ende der Gymnasialzeit intensivierte sich die Beziehung und erreichte ihren Höhepunkt im Winter 1879/80 – in den fast täglichen glühenden Rendezvous am Donaukanal.

VOLKSGARTEN (I.)

Als Marie, die Geliebte des todkranken Felix in Schnitzlers Novelle *Sterben*, sich auf ein Stündchen aus dem Krankenzimmer stiehlt und im Fiaker den Ring entlang spazieren fährt, hört sie vom Volksgarten *die frischen Töne einer Militärmusik* herüberklingen. Offenbar findet gerade eines der regelmäßigen Konzerte im beliebten „Volksgarten Restaurant" statt. Vor

Schnitzlers Zeit waren hier Johann Strauß Vater und Joseph Lanner häufig aufgetreten. Seit den siebziger Jahren des 19. Jahrhunderts wurde allerdings hauptsächlich Militärmusik – etwa unter der Leitung des bekannten Komponisten Michael Ziehrer – gespielt, die beim breiten Publikum gut ankam. Schnitzler kam als Jugendlicher aber nicht deswegen hierher, sondern um in den grünenden Alleen des Volksgartens Händedrücke und Liebesschwüre mit Fännchen auszutauschen. Ähnliches setzt sich auch noch nach dem unvergesslichen „Quaipark-Intermez-

„Mein blondes Fännchen" ...
Schnitzlers erste Liebe (Foto 1882).

zo" (s.o.) fort. Zu dieser Zeit wird der Quaipark dem Verliebten zum verlorenen Paradies. Im Volksgarten ist Fännchen nämlich nunmehr stets von Freundinnen begleitet – vielleicht auf Geheiß der Eltern, die das Verhältnis missbilligen und der Tochter schließlich sogar den Umgang mit dem liederlichen Studenten verbieten. Ein Ende nehmen die Volksgartenpromenaden aber aus einem weniger romantischen Grund: Schnitzlers erste Liebe (die ihm ohnehin schon längst zu platonisch geworden ist) versiegt im Winter 1880 allmählich.

RATHAUSPARK (I.)

Diese Gesundheit ausströmenden kurzgeschorenen Wiesen, stets erfüllt mit Wasserleitungs-Feuchtigkeiten, diese dichten dunklen Gebüsche, diese scheinbar in den Urwald führenden, diese über-

trieben herrlichen Bäume (ausgesuchte Prachtexemplare), dieser feuchte Springbrunnen, diese Stille, dieses „ich bin gar nicht in der Großstadt", garantieren jedem Genesung, der natürlich überhaupt noch genesungsfähig ist! (Peter Altenberg, Wiener Rathauspark)

Man kann verstehen, dass das Kriegsministerium alles andere als begeistert von der Idee war, den einstigen Parade- und Exerzierplatz der k. u. k. Monarchie für Liebespärchen und andere Zivilsubjekte freizugeben. 1872, in Schnitzlers zweitem Gymnasialjahr, konnte die Errichtung eines Parks vor dem Neuen Rathaus endlich doch in Angriff genommen werden. Auch dieser Garten hat, zusammen mit dem nahen Votivpark, seinen kleinen Platz in Schnitzlers Biografie – und zwar ausgerechnet während seines Militärjahres. Nachdem der Student seine „Fixierung" auf Fännchen glücklich überwunden hat, erreichen seine Beziehungen zum anderen Geschlecht – die bereits im Vorjahr *einen immer lebhafteren, aber zugleich unpersönlicheren Charakter angenommen hatten* – in dieser Zeit einen quantitativen Höhepunkt. Eine jener flüchtigen Episoden besteht in erster Linie aus Rendezvous im Votiv- oder Rathauspark, zu denen sich Schnitzler nach seinem wenig anstrengenden Dienst oder einer Vorlesung auf der Poliklinik sowie einem Abstecher ins nahe gelegene Arkaden Café begibt, und gipfelt in einer *glühende[n], eine[r] wahnsinnige[n] Stunde um Mitternacht herum im Rathauspark ... Eigentlich ein Kuss von eilf bis zwölf ...* Das Verhältnis entpuppt sich für den liebeshungrigen Casanova jedoch bald als eine Sackgasse, denn mehr zu gewähren ist das Mädchen, Toni genannt, nicht bereit. Schnitzler „erledigt" das kurze Abenteuer im Tagebuch mit einer Äußerung, die im *Anatol* stehen könnte: *Ein Glück ..., dass es mir auch nicht im Traume einfiel, wirklich verliebt zu sein.*

SCHWARZENBERGGARTEN (3.)

Der Garten des Palais Schwarzenberg hinter dem Schwarzenbergplatz, in dem einst Stifter an seinen *Studien* schrieb, hatte um 1890 herum nur noch wenig Ähnlichkeit mit dem „architektonischen" Garten der Barockzeit, als der er einst entstanden war. *... ein durchaus ungewöhnlicher Ort ... wahrhaft fürstlich ... in seiner vornehmen Abgeschlossenheit und alten Unberührtheit ... –* so beschreibt Arthur Rössler den verzaubert, wie von der Zeit vergessen anmutenden Park mit seinen reizvoll zwischen

Hecken und Bäumen aufgestellten barocken Figurengruppen: *Ein Garten der Kinder und der Greise; derjenigen, die noch nicht wollen, und derjenigen, die nichts mehr begehren – außer das eine: friedlich im Augenblick aufzugehen.* Nun gehörte Schnitzler in jüngeren Jahren zweifellos weder zu den noch nicht noch zu den nicht mehr Begehrenden, und wenig lag ihm damals wohl ferner, *als friedlich im Augenblick aufzugehen.* Und doch ist der stille, romantische Schwarzenberggarten wesentlicher Hintergrund für die erste Phase einer der wichtigsten Beziehungen in Schnitzlers Leben: jener zu Marie Reinhard.

Schnitzler lernte die junge Gesangslehrerin 1894 kennen. Anfangs diente ihm sein Verhältnis zu ihr vor allem als *Rettung* von seiner anstrengenden Beziehung mit der Schauspielerin Adele Sandrock, mit der Zeit entwickelte sich aber eine tiefe und wahre Zuneigung. 1897 brachte Marie Reinhard ein totes Kind zur Welt, zwei Jahre später starb sie überraschend. Ihr Tod

Strenges Barock und verträumte Romantik vereinigen sich im Schwarzenberggarten, der zu einem der schönsten Barockpalais Wiens gehört. (Blick Richtung Heugasse, heutige Prinz-Eugen-Straße).

gehört zu den schwersten Erschütterungen in Schnitzlers Leben. Zu der Zeit, als die beiden regelmäßig den Schwarzenberggarten aufsuchten, lag dieses traurige Ende noch in ferner Zukunft. Von einer großen Leidenschaft mit ihren Höhen und Tiefen konnte allerdings keine Rede sein: *Manchmal ist es einfach erschreckend, wie gleichgültig sie mir ist,* bemerkt Schnitzler einmal im Tagebuch. Also doch *ein Garten ... derjenigen, die nichts*

Die früh verstorbene Marie Reinhard, die einer gutbürgerlichen jüdischen Familie entstammte, gehört zu den wichtigsten Frauen in Schnitzlers Leben.

... *begehren?* Ganz auszuschließen ist es ja nicht, dass das feine Gespür des von klein auf dem Theater Verhafteten für die Inszenierung des Lebens hier instinktiv die richtige Kulisse gefunden hat für eine so ruhige Beziehung, wie es jene zu Marie Reinhard war.

Wie dem auch sei – dass der Schwarzenberggarten für Schnitzler gedanklich mit jener Liebe verbunden blieb, deutet nicht nur sein Roman *Der Weg ins Freie* an: *Eh' der Wagen an der Ecke hielt, verabredeten sie ein Rendezvous für den nächsten Vormittag, im Schwarzenberggarten,* heißt es da von Georg Wergenthin und der weiblichen Hauptfigur Anna Rosner, mit welcher der Dichter seiner „Entschwundenen", wie er Marie Reinhard nach ihrem Tod zu nennen pflegt, ein Denkmal gesetzt hat. Zwei Jahre nach Erscheinen des Romans, 1910, findet sich in Schnitzlers Tagebuch ein zutiefst resignierter Satz, der bezeichnend ist für seine zunehmend düstere Gemütsstimmung – und erschütternd, wenn man seine Beziehung zu Marie Reinhard bedenkt, die vielleicht nicht zu den glücklichsten, auch nicht zu den leidenschaftlichsten, gewiss aber zu den nachhaltigsten in seinem Leben gehörte: *Im Schwarzenberggarten, nach Jahren. Es gibt nur ein Erlebnis – das heißt: Altern. Alles andere ist Abenteuer.*

STADTPARK (I.)

Der Stadtpark, 1862 auf den Gründen des ehemaligen Wasser-Glacis angelegt, war in früherer Zeit der bevorzugte Garten der Wiener Plutokratie. Das scheint Schnitzler auch gewusst zu haben, als er die Erzieherin Therese im gleichnamigen Roman mit den zwei Töchtern eines Bankdirektors regelmäßig im Stadtpark spazieren gehen lässt. Dieser Park ist in Schnitzlers Leben mit keinem besonderen Ereignis verbunden, aber als wichtigster Ringstraßengarten kann er dennoch in seinem Werk nicht fehlen. Georg Wergenthin etwa, die Hauptfigur im Roman *Der Weg ins Freie*, wohnt hinter dem Stadtpark; der Blick auf, der Gang durch diesen heimatlichen Park verbindet sich eigentümlich mit Erinnerungen an Verstorbene, vor allem an den Vater. Der Garten als verlorenes Paradies? Sicherlich ist das in der Erzählung *Frau Berta Garlan* der Fall, deren Heldin nach vielen Jahren in der Provinz wieder nach Wien kommt, um ihre erste Liebe, den inzwischen bekannt gewordenen Geiger Emil Lindbach, wiederzusehen. Ein Treffen mit seiner Jugendliebe Fanny im Jahr 1897 hat Schnitzler zu dieser Novelle inspiriert. Nicht der Volksgarten oder der Quaipark weckt aber nostalgische Gefühle in Berta, sondern der Stadtpark. An ihm wird allerdings deutlich, dass ihr Versuch, die Vergangenheit wiederzuerwecken, vergeblich sein wird:

Auch die Gegend um den Stadtpark hatte sich verändert, und als sie die Stellen suchte, wo sie damals mit ihm herumgegangen war, fand sie sie ganz zerstört: Bäume waren ausgeholzt, Planken verwehrten den Weg, der Boden war aufgerissen, und vergeblich versuchte sie die Bank zu finden, wo sie mit Emil verliebte Worte gewechselt …

IM KAFFEEHAUS

*Das Kaffeehaus, wichtigster Stapel- und Umschlagplatz von
Zeitideen im Fin de Siècle. Café Griensteidl, um 1897.*

Zu keiner Zeit hat sich die Literatur so sehr mit dem Kaffeehaus verschwistert wie zur Jahrhundertwende in Wien. Diese
typischste aller Wiener Institutionen hat dem literarischen
Leben jener Jahre seinen unverwechselbaren Stempel aufge-
drückt. Schnitzler war allerdings nie das, was man sich unter
einem „Kaffeehausliteraten" à la Peter Altenberg vorstellt. Nicht
umsonst wahrte er kritische Distanz zu diesem Kollegen, der
aus dem Kaffeehaus eine Philosophie machte. Dass er zwei Jahrzehnte lang einen großen Teil seiner Zeit darin verbracht hat,
ist freilich nicht zu leugnen. Vor allem die Tagebücher zwischen
1880 und 1890 sind daher auch eine Fundgrube an alten Kaf-
feehausnamen. Die meisten davon haben in der Wiener Stadtgeschichte nicht einmal als Fußnote überlebt, einige Kaffehäu-
ser – wie etwa das Arkaden Café hinter der Universität –
existieren unter anderem Namen heute noch; und dann gibt es
die wenigen Auserwählten, die sich zu Denkmälern ihrer selbst
und zu Touristenattraktionen entwickelt haben: Central, Griensteidl, Demel, Sacher oder Imperial. Nicht die heimeligen Alt-
Wiener Kaffeehäuser, sondern diese aus der Gründerzeit stam-
menden Nobelhallen, eleganter, pompöser und luxuriöser als
alles bisher Dagewesene, haben den Typus des Wiener Kaffee-

hauses geprägt, wie er sich über die ganze Donaumonarchie und auch in anderen europäischen Städten ausgebreitet hat. Die Einrichtung war dem Makart-Geschmack der Zeit entsprechend üppig bis schwulstig; erst 1899 schuf Adolf Loos mit der ornamentfreien Inneneinrichtung des (heute noch bestehenden) Café Museums ein für damalige Verhältnisse revolutionär wirkendes Gegenkonzept. In merkwürdigem Gegensatz zu den Gipsfiguren und Gusseisenverzierungen, den Palmen und Teppichen oder den riesigen Spiegeln und Lustern aus Kristallglas stand aber ein Einrichtungsstück von genialer Einfachheit: Die Thonet-Sessel eroberten in der zweiten Hälfte des 19. Jahrhunderts das Wiener Kaffeehaus, auf ihnen saßen die Literaten im Central ebenso wie im Greinsteidl.

Die „Tschecherln", wie man in Wien die bescheideneren Café-Beisln nannte, in denen sich's billig „tschechern" (trinken) ließ, gehörten nicht in Schnitzlers großbürgerliche Welt; sie hat der Sohn aus gutem Hause wohl höchstens um der von ihm in jungen Jahren so kultivierten „Stimmung" willen aufgesucht:

Findest du nicht auch, daß wir hier bleiben könnten? ... Das Lokal hat etwas Alt-Wienerisches, was mir sehr sympathisch ist. Die Billards sind viel zu lang, die Kassierin viel zu häßlich, die Decke ist viel zu grau, die Beleuchtung viel zu schlecht – lauter Dinge, die ich sehr hübsch finde. (Gespräch in der Kaffeehausecke)

Als der Arzt Fridolin, der Protagonist der *Traumnovelle*, sich statt in das stille Kaffeehaus nahe seiner Wohnung ausnahmsweise in ein *altwienerisch gemütlich[es]* Kaffeehaus *niederen Ranges* begibt, geschieht es allerdings nicht so sehr aus Stimmungsgründen; vielmehr ist es einer der Schritte, die Fridolin in dieser Nacht immer mehr von seinem geordneten, „sauberen" Leben entfernen, der Beginn seines Abstiegs in die Tiefen einer beängstigenden Traumrealität.

CAFÉ CENTRAL
(I., HERRENGASSE 14)

Nach der Demolierung des Café Griensteidl 1897 wanderte die „Kaffeehausliteratur" in den Säulensaal des nahe gelegenen Café Central (ebenso wie der Name „Café Größenwahn", der bis dahin das Griensteidl geziert hatte). Schnitzlers Stammcafé war das „Central" allerdings eineinhalb Jahrzehnte früher. Damals war noch nicht die goldene Ära dieses Cafés als „Literaturtempel" angebrochen, und auch Peter Altenberg hatte hier noch nicht seinen festen Wohnsitz.

Tagtäglich verbrachte Schnitzler zu Beginn der achtziger Jahre einige Stunden mit Freunden im „C.C.", wie es in den Tagebüchern genannt wird. Das Ambiente dieses 1868 gegründeten exklusiven Kaffeehauses, welches zu den berühmtesten der Monarchie gehört, das aus Adel und Großbürgertum gemischte Publikum entsprach zweifellos dem Selbstgefühl des in jenen Jahren nicht wenig affektierten jungen Mannes. Dass Schnitzler dort *vormittags Billard, nachmittags Karten, abends Billard und Karten, nachts Karten und Billard* zu spielen pflegte, wie es in *Jugend in Wien* über sein *Stammcafé* heißt, ist zwar nicht ganz so wörtlich zu nehmen, dass er aber mehr Zeit im Central als in den Vorlesungen zubrachte, sehr wohl. Mit Literatur hatte dieser Zeitvertreib allerdings damals noch nicht allzu viel zu tun, auch wenn einige von Schnitzlers Kaffeehausgenossen ebenfalls schriftstellerischen Ehrgeiz an den Tag legten. Schnitzler schrieb zwar gelegentlich auch im Kaffeehaus; hauptsächlich verhielt er sich dort aber wie ein gewöhnlicher, höchstens besonders ausgeprägter jugendlicher „Bummler" und frönte genau jenen Tätigkeiten, die im Wiener Kaffeehaus des 19. Jahrhunderts üblich waren: dem Zeitunglesen, dem Billard (das älteste und beliebteste Kaffeehausvergnügen) oder auch anderen Spielen (Domino, Karten, seltener Schach) – und, nicht zu vergessen, dem Nichtstun. Für Künstlerstimmung sorgte dabei das stimulierende und euphorisierende Kultgetränk der Pariser Bohème – der Absinth.

Dass Schnitzler mit dem Typus des „Kaffeehausliteraten" bereits vor seiner Griensteidl-Zeit Bekanntschaft geschlossen hat, beweist allerdings das kleine Prosastück *Er wartet auf den vazierenden Gott* aus dem Jahr 1886: Für den *vazierenden Gott*, einen Gott ohne Anstellung gewissermaßen, hält sich der Poet Albin, der Tag für Tag, abgehoben von der „gewöhnlichen" Welt, in seiner Kaffeehausecke sitzt und schreibt, ohne je etwas zu Ende zu bringen – ein „Genie" ohne Inspiration.

Das Café Central bescherte dem jungen Mann übrigens auch eine Liebschaft, die allerdings (selbst für Schnitzlers Verhältnisse) von sehr kurzer Dauer war – nur war das zur Abwechslung einmal nicht seine Schuld: Mit der Kassierin des Cafés, im Tagebuch Therese D. genannt, verbrachte der Student nach einer Praterfahrt im geschlossenen Fiaker *den Abend sehr*

Der Billardtisch gehörte seit dem 18. Jahrhundert zu den wichtigsten Einrichtungsgegenständen des Wiener Kaffeehauses.

vergnügt in einem noch geschlosseneren Raum; wenige Tage später schied Therese aus dem Dienst – *und bald nach ihr verschwand auch der elegante Zahlkellner aus dem Café, der sich in der letzten Zeit öfters mit ihr an der Kasse auffallend und in düsterem Flüsterton unterhalten hatte.* Die Reaktion im Tagebuch: *N'en parlons plus.*

Café Central, Aufnahme kurz nach 1900.

CAFÉ GRIENSTEIDL
(1., HERRENGASSE 1/SCHAUFLERGASSE 2)

Der frühere Apotheker Heinrich Griensteidl gehörte wohl zu jenen Wienern, die sich über die Schließung des alten Burgtheaters am Michaelerplatz 1888 besonders grämten – verlor er doch mit den Schauspielern einen bedeutenden Teil seiner Stammklientel. Das 1847 im Erdgeschoß des Palais Dietrichstein am Michaelerplatz eröffnete und genau fünfzig Jahre später demolierte Kaffeehaus, das anfangs Café National hieß (sehr passend übrigens, denn dank des damaligen Zahlkellners Franz war die Zensurbehörde stets darüber unterrichtet, wer hier ausländische Zeitungen las), durfte sich allerdings bald künstlerischen Nachschubs erfreuen. Anfang der neunziger Jahre nämlich wurde es zum Treffpunkt jenes lockeren Literatenkreises, der sich „Jung Wien" nannte.

Diese sieben Jahre (nämlich bis zum Abbruch des Palais 1897) dauernde Verbindung war für Schnitzler, den Ältesten in der Runde, in erster Linie durch die lebenslangen Beziehungen, die sich daraus entspannen, bedeutsam: zu Richard Beer-Hofmann, Felix Salten und Hugo von Hofmannsthal.

Von Wiener Kunst soll ich Ihnen was berichten? – Nun, die literarische Bewegung äußert sich darin, ... daß es keine Verleger, keine neuen Stücke, dagegen sehr viele Kaffeehäuser gibt, in denen alle Literaten, denen Vormittags nichts eingefallen ist, Nachmittag ihre Gedanken austauschen. (Brief an Theodor Herzl, 12. 11. 1892)

Schnitzlers Begeisterung für die Kaffeehaussitzungen hielt sich, wie man sieht, in Grenzen. ... *das Café Griensteidl existiert für mich nicht mehr*, schreibt Schnitzler bereits am 11. März 1892 in einem Brief an seinen liebsten Griensteidl-Freund Beer-Hofmann. Drei Wochen davor steht im Tagebuch: *Vertrage Griensteidl nicht; die Atmosphäre ... deprimiert mich.*

Zwar kehrt er dem Literatentreff trotz seiner Anwandlungen von Überdruss und Unbehagen nicht den Rücken, doch die Tagebücher verraten von Anfang an die wahren Prioritäten: Selbst über unwichtige erotische Intermezzi mit irgendwelchen „süßen Mädeln" verliert er in der Regel mehr Worte als über die Sitzungen im Griensteidl, die ihm meist nicht mehr als die Abkürzung „Kfh." wert sind. Vor allem aber führt Schnitzler Anfang der neunziger Jahre täglich seitenweise Buch über seine leidenschaftliche Beziehung zur Schauspielerin Mizi Glümer. Im April 1895, drei Jahre nachdem sie ihn betrogen hat, trifft er sich nach langer Zeit wieder mit ihr, und zwar vor dem Café Griensteidl – und schreibt in sein Tagebuch: *Ich fühlte dass ich nie eine andre geliebt.* Zu dieser Zeit spielt in Schnitzlers Leben allerdings bereits eine andere Frau eine wichtige Rolle: Marie Reinhard, das Vorbild für Anna Rosner, die Geliebte des Protagonisten Georg Wergenthin im Roman *Der Weg ins Freie*. Persönliche Erinnerungen scheinen den Autor zu leiten, als er Georg nach einem Rendezvous mit Anna einen Besuch im Kaffeehaus erwägen lässt:

Vom Turm der Michaelerkirche schlug es neun, als Georg vor dem Kaffeehaus stand. An einem Fenster, das der Vorhang nicht verhüllte, sah er den Kritiker Rapp sitzen, einen Stoß Zeitungen vor sich auf dem Tisch ... Ihm gegenüber, mit ins Leere gehenden Gesten, saß der Dichter Gleißner, im Glanze seiner falschen Eleganz ... Als Georg, ohne ihre Stimmen zu hören, nur die Lippen der beiden sich bewegen und ihre Blicke hin- und hergehen sah, faßte er es kaum, wie sie es ertragen konnten, in dieser Wolke von Haß sich eine Viertelstunde gegenüberzusitzen. Er fühlte mit einem Mal, daß dies die Atmosphäre war, in der das Leben dieses ganzen Kreises sich abspielte, und durch die nur manchmal erlösende Blitze von Geist und von Selbsterkenntnis zuckten. Was hatte er mit diesen Leuten zu tun? Eine Art von Grauen erfaßte ihn, er wandte sich ab ...
(Der Weg ins Freie)

Rapp und Gleißner: Sie tauchen auch noch in einem anderen Werk Schnitzlers auf, nämlich in der Fragment gebliebenen Tragikomödie *Das Wort*, deren Hauptfigur ein sehr zwiespältiges Porträt Peter Altenbergs ist. In einer frühen Entstehungsphase des Manuskripts, das eine scharfe Kritik am Typus des „Literaten" enthält, tragen diese zwei Figuren noch die Namen ihrer realen Vorbilder: Alfred Polgar und Stefan Großmann – Altenbergs *widerliche Jünger*, wie Schnitzler sie einmal nennt. Schnitzler hat dem Kaffeehausliteratentum genau das vorgeworfen, was Alfred Polgar in seiner *Theorie des Café Central* (Griensteidls Nachfolger als Literaturtempel) ins Positive wendet: *Das Café Central ist nämlich kein Caféhaus ..., sondern eine Weltanschauung, und zwar eine, deren innerster Inhalt darin besteht, die Welt nicht anzuschauen ...*

PRATERVERGNÜGEN

Der Prater in seinen „glücklicheren" Tagen:
Blumenkorso am Beginn der Hauptallee.

Zum großen Wurstel heißt eine einaktige Burleske, die Schnitzler
in mittleren Jahren geschrieben hat. Schauplatz ist der Wurstelprater, die Figuren sind die Vorführenden und die Zuschauer
eines Marionettenstücks – wobei zwischen den Marionetten und

den Menschen, wie sich herausstellt, nicht viel Unterschied
besteht. Schnitzler hat hier ein kleines Wiener Welttheater
geschaffen, in dem die altbekannten Typen seiner Stücke sich
ein Stelldichein geben. Dass es gerade im Prater geschieht, ist
kein Zufall. Ringstraße, Burgtheater, Sacher: das waren Identi-
fikationsorte des wohlhabenden Bürgertums. Der Prater war
Wien schlechthin, er war, seit ihn Joseph II. für die Bevölkerung
geöffnet hatte, der einzige „universale" Ort, an dem vom unteren bis zum oberen Ende der gesellschaftlichen Skala alles
zusammenströmte und allen etwas geboten wurde. Da waren
die Praterauen, in denen die einfachen Leute spazieren gingen,
die Reichen ritten oder fuhren; die Hauptallee, auf der beim
sonntäglichen Korso die Kutschen, Equipagen und Fiaker wie
aufgefädelt dahinsausten, gesäumt vom Spalier des schaulusti-
gen Fußvolks, das hierher „Prominente schauen" kam; die
Pferderennen, die den kleinen Handwerker wie den Hochadel
anlockten; Edelrestaurants und Biergärten; und natürlich der
Wurstelprater, ein riesiger Kirchtagsplatz, der zwar dem „Volk"
gehörte, sich aber auch über manchen „höheren" Besuch freuen
durfte. Der Prater war in seinen goldenen Zeiten Luftreservoir
und Vergnügungsstätte für jedermann – und mehr noch;
er war, einmal abgesehen vom Stephansdom, der symbol-
trächtigste Ort Wiens.

Prateralleen

*Hauptallee – trist und verschollen (wenn auch nicht gar so wenig
Leute) 2–3 Wagen,* notiert Schnitzler nach einem Praterspazier-
gang im Sommer 1916. Es gehört zu den symptomatischen Ver-
änderungen im Erscheinungsbild des Praters, dass in der Zeit
während und nach dem Weltkrieg aus der Hauptallee allmählich die Fiaker und Equipagen zugunsten der Fußgänger ver-
schwanden. Nur der Tag des Derbys vermittelte noch eine Zeit
lang einen schwachen Abglanz früherer Tage. Der Praterkorso
gehörte in der Monarchie ebenso wie der (weit jüngere) Ring-
straßenkorso zu den Ritualen der Wiener Gesellschaft. Längst
hatten die sommerlichen Praterausfahrten des Adels ihre bürgerliche Entsprechung, die Fiakerfahrten, gefunden. Aber die
Fahrt durch die fünf Kilometer lange Hauptallee zum Lusthaus,
dem ehemaligen kaiserlichen Jagdschlösschen mit feinem
Restaurant, gehörte auch zu den wichtigsten Programmpunkten

romantischer Rendezvous. Wollte man einmal nicht sehen und gesehen werden, suchte man die dunklen, abgelegeneren Alleen auf. Und selbst wenn man hinter verhängten Fenstern ganz

Wien — Prateridyll.

Spielerisches Liebesgeständnis in den Praterauen.

andere Dinge als die Landschaft im Sinn hatte – sie gehörte als Kulisse zu einer Affäre ebenso dazu wie etwa das idyllische Vorstadtzimmer zur Beziehung mit einem „süßen Mädel". Schnitzler selbst war sich bei seinen Abenteuern dieser Bindung an die amourösen Usancen sehr wohl bewusst – mehr noch, er suchte auch hier das Klischee; wusste er doch mindestens so gut wie Peter Altenberg, dass die *Regie der Liebe ...*

wichtiger [ist] als die Liebe selbst – etwa bei einem Rendezvous mit einer verheirateten Frau:

Abend 6 Uhr erwartete ich romantisch in einer Vorstadtgasse im Fiaker sitzend – Adele – Sie kommt „verschleiert" – wir fahren in den Prater. Hintre Alleen, Dämmerung, dann Mondschein. Wahnsinnige Zärtlichkeiten! Unermeßlich ...
(Tb. 13. 4. 1889)

PFERDERENNEN

Landschaft und Staffage hatten ihren besonderen Reiz: der von fernem Wald umstandene Rasen, weiß umplankt, mit seinen Hürden und Gräben, die hageren Jockeys in windgebauschter, grellglänzender Seide, rot-, blau-, goldgeschärpt auf den nüsternsprühenden Pferden, die dunkel zusammengeballte, gegen die Grenzen des Festplatzes zu sich verdünnende und verlierende Menge; – über all diesem Schwirren, Raunen, Flattern, Fluten ein blassblauer Himmel, der mit kleinen weißen Wolken von den Wipfeln der Praterbäume sich zur ungarischen Ebene hinüberspannte; dazu das eigentümliche, etwas berauschende Gemisch von Heu-, Stall- und Wiesendüften und allerlei künstlichen Wohlgerüchen ... (Jugend in Wien)

Nennen wirs die Rennsaison: So rekapituliert Schnitzler, der gerade sein Militärjahr absolviert, Ende Juni 1883 die vergangenen Wochen, die er *ganz platt*, unzufrieden und untätig verbracht – mit einem Wort, wieder einmal verbummelt hat. Die Frühjahrs-, Sommer- und Herbst-Pferderennen im Prater, bei denen der Student oft beträchtliche Summen verwettet, sind in dieser Zeit die einzige Leidenschaft, zumindest aber der beste Zeitvertreib des ziellosen und innerlich unausgefüllten jungen Mannes. Jedenfalls beschäftigen ihn die Ergebnisse der einzelnen Wettläufe, die er minutiös in seinem Tagebuch vermerkt, mehr als die zahllosen Rendezvous mit Else, Anna, Toni, Therese und wie sie alle heißen. Und ist ein heitererer Ausgleich

Schönheit, Leichtigkeit, Eleganz – in den Pferderennen spiegelt sich das Ideal des Fin de Siècle. Warten auf das Rennen, Foto 1894.

zum ungeliebten militärisch-medizinischen Dienst denkbar als jene Schnitzlers Sinnen schmeichelnde *ganz wunderbare Atmosphäre von Leichtigkeit, Eleganz und Spiel?*
Bereits als kleiner Bub hat Schnitzler die vornehme Gesellschaft von den Pferderennen durch die Praterstraße heimwärts sausen sehen. Damals gab es schon die ersten Trabrennen in der Hauptallee, für die 1878 in der Krieau eine eigene Rennbahn eröffnet wurde. Altehrwürdiger waren allerdings die Galopprennen in der Freudenau, die der junge Schnitzler bevorzugte. Sie waren ein gesellschaftlicher Fixpunkt – und zwar nicht nur für das Wien der Ringstraße: Von den *Grafen, Bankiers, Bookmakern, Kavalleristen, Defraudanten und Sportsleuten* reichte die soziale Skala über Bürger, Studenten, Commis und Bankbeamte mit

Fast dreißig Jahre später: Schnitzler mit Frau, Bruder und Schwägerin beim Derby in der Freudenau, 1911.

ihrem weiblichen Anhang bis zu armen Handwerkern und Dienstboten. Kurz, ein wahres Panoptikum Wiener Typen präsentierte sich hier, für eine kurze Zeitspanne einträchtig vereint – und doch wieder getrennt: Da gab es den Sattelraum – der Raum für die „Insider" und jene, die beim Wetten Unsummen verlieren konnten, ohne mit der Wimper zu zucken; dann den so genannten Guldenplatz, wo der bürgerliche Mittelstand zum harmlosen Sonntagsvergnügen zusammenströmte; und schließlich den Zwanzigkreuzerplatz für das einfache Volk, *das freilich mit wohlhabenden Elementen reichlich durchsetzt war*. Schnitzler selbst konnte man das eine Mal *im gelben Überzieher und mit Zylinder und Operngucker* sehen, wie er im Fiaker durch die Hauptallee raste, um sodann nonchalant unter den „Snobs" herumzuspazieren, das andere Mal bewegte er sich mit nicht geringerer Aisance unter Kaufleuten, „süßen Mädeln" und Kutschern. In letzterem Fall aber konnte man sicher sein, dass Schnitzler beim vorhergegangenen Rennen mit wenig Glück gesegnet war. Die Wahl seines Standortes war nämlich ein untrüglicher Indikator seiner augenblicklichen finanziellen Verhältnisse – die aber hingen wiederum vom Ausgang des letzten Rennens ab.

Ging es dabei ums Geld? Natürlich nicht nur – aber doch auch; denn jede gewonnene Wette bedeutete: *Havannazigarren und ein Souper bei Leidinger und einen Fiaker, einen Orchestersitz im Wiedner Theater erste Reihe und eine köstliche Krawatte – und vor allem den Fond für das nächste Mal* (Jugend in Wien).

WALDSTEINGARTEN
(2., PRATER HAUPTALLEE 13)

Im W.[aldstein]garten die aristokr.[atische] Gesellschaft … eine jüdische Hochzeit, mittlere Gesellschaft, da und dort. – Sehnsucht nach meinem Roman. Alles dies einzufangen. (Tb. 13. 8. 1903)

Der Waldsteingarten – ein Bestandteil alter Hauptallee-Herrlichkeit. Kaiserin Elisabeth gab hier ein Diner zu Ehren des Königs Ludwig von Bayern, Erzherzöge des Kaiserhauses waren hier ebenso zu Gast wie Kronprinz Rudolf.

Nobelprater nannte man früher den Bereich, der sich entlang der Hauptallee erstreckte, in friedlichster Eintracht mit dem angrenzenden, so gegensätzlichen Wurstelprater. Eines der eleganten Etablissements, die hier anspruchsvollen Besuchern offen standen, war der Waldsteingarten. Eduard Sacher, der legendäre Besitzer des noch legendäreren Hotels, hatte das Gasthaus 1873 gepachtet und in ein vornehmes Restaurant verwandelt, das Schnitzlers Stammlokal im Prater wurde. Vor allem Adel und finanzkräftiges Bürgertum gaben sich hier ein Stelldichein – eben jenes Milieu, in dem die Haupthandlung von Schnitzlers Wiener Roman *Der Weg ins Freie* angesiedelt ist. Kein Wunder also, dass der Dichter im Waldsteingarten die Liebesgeschichte von Georg Wergenthin und Anna Rosner beginnen lässt:

Im Waldsteingarten hatte sich damals eine größere Gesellschaft Rendezvous gegeben. Man speiste im Freien, unter hohen Kastanienbäumen ... Zuletzt, ohne jede Begleitung und in sicherer Haltung war Anna Rosner erschienen, hatte mit leichtem Kopfnicken die Gesellschaft begrüßt und ungezwungen zwischen Frau Ehrenberg und Georg Platz genommen. „Die hab' ich für Sie eingeladen", bemerkte Frau Ehrenberg leise zu Georg ... (Der Weg ins Freie)

Übrigens: Die erste Eintragung im Gästebuch stammt von niemand Geringerem als Kaiser Franz Joseph.

Der Teich hinter dem Konstantinhügel lockte Kahn fahrende Liebespaare und Spaziergänger ebenso wie exotische und heimische Wasservögel an.

KONSTANTINHÜGEL
(2., PRATER HAUPTALLEE 17)

Nämlich nach dem Wurstlprater bin ich doch noch auf den Konstantinhügel. – Ach ja! Ich dachte anfangs, der Kontrast müsse wirken! ... Siehst Du, jetzt warst Du unter lauter Menschen, mit zerfransten Hosen, fettigen Hüten, rauhen Stimmen ... – und jetzt kommst Du zu den wohlsoignierten Herren in eleganten Sommerkostümen – die leise sprechen, ... ägyptische Zigaretten ... rauchen und zwölf Glas Cognac trinken, ohne um eine Nuance röter im Gesicht zu werden –, zu den Damen mit gepflegten, rosigen Nägeln – welche schwarze Seidenstrümpfe tragen ... – die nach Violette

de Parme duften und alle Gemeinheit nur in der Seele haben! –
Wie hübsch, wie taktvoll!

So beschreibt ein junger Dandy in *Die kleine Komödie,* einer
1893 entstandenen Erzählung in Briefen, den Kontrast des Konstantinhügels zu den „proletarischen" Wurstelpraterbesuchern.
Dieser Hügel ist eigentlich eine kleine künstliche Erhebung am
Rand der Praterallee, die beim Bau der Rotunde für die Wiener
Weltausstellung 1873 aus den ausgehobenen Erdmassen ange-
schüttet wurde. Wenn man aber in der Wiener Gesellschaft vom
„Konstantinhügel" sprach, so war damit unweigerlich das darauf befindliche Café-Restaurant gemeint, das „Hof-Restaurant
am Hügel", das Eduard Sacher hier noch im Jahr der Weltausstellung, kurz bevor er sich auch des nahe gelegenen Waldstein-
gartens bemächtigte, als exklusives, für den hohen Adel gedach-
tes Lokal eröffnet hatte. Ebenfalls höchst exklusiv und bald
schon sprichwörtlich waren die Preise. Obwohl Sacher das Etablissement nach kurzer Zeit wieder verkaufte, blieb es noch lange eines der vornehmsten Cafés der Stadt. Die unterschiedliche
Art und Weise, wie es im oben zitierten Frühwerk und wie es
in einem Spätwerk Schnitzlers beschrieben wird, deutet aber
doch auf einen gewissen „Höhenverlust" hin. Im 1928 veröf-
fentlichten Roman *Therese* nämlich scheint der Konstantinhügel
nicht mehr die Hochburg der Aristokratie zu sein, wie die zwei
jungen renommierfreudigen Dragoner feststellen, die sich mit
Therese und einer Freundin im Prater getroffen haben:

Auf dem Konstantinhügel trank man Kaffee und aß Kuchen. Die
beiden Herren äußerten sich spöttisch über die etwas „mindere"
Gesellschaft an den anderen Tischen ... Am Ufer des kleinen Teiches
unterhalb des Konstantinhügels mietete man ein „Schinakel". The-
rese fühlte wohl, daß es den beiden jungen Herren wie ein Spaß, ja
wie eine Art von Herablassung vorkam, als sie sich unter das Volk
mischten und ihren Kahn zwischen anderen, in denen „mindere
Leute" saßen, vorwärts und allmählich in den schmalen Flußarm
ruderten, der sich zwischen grünen Ufern gegen die Donauauen
hin schlängelte.

Ein bezeichnender Perspektivenwechsel, nebenbei bemerkt: von
jener des jungen Aristokraten, der wie die beiden Dragoner sich
einen Spaß draus macht, „Volk zu spielen", zu jener der selbst
zum „Volk" gehörenden Erzieherin Therese. Die Haltung,
gegen die Schnitzler im Roman kritisch Position bezieht, war
ihm aus seinen Jugendjahren wohl bestens bekannt.

Venedig in Wien
(2., Kaisergarten)

Die Gondolieri im Kanal „weichen geschickt aus", wie es in den
Zeitungsberichten heißt. „Wie Kavaliere benehmen sie sich – – –",
sagt eine junge Dame. „Wie sie mit den Augen grüßen – – –!"
Dreißigtausend Menschen steigen die Holzbrücken hinauf, hinab,
fließen auseinander auf den Plätzen, stauen auf den Brücken.
„Echt venetianisches Volksleben entwickelt sich –", denken die
Reporter. (Peter Altenberg, Venedig in Wien)

Mit Kerr Abd. spät Venedig, steht am 2. Juni 1898 in Schnitzlers
Tagebuch, und immer wieder findet man in diesen und späteren Jahren ähnliche Eintragungen. Da diese Venedig-Reisen
aber nie mehr als ein paar Stunden dauern, muss es sich wohl
um ein anderes Venedig als das italienische handeln: das weniger bekannte, aber von den Wienern seinerzeit weit mehr frequentierte „Venedig in Wien". 1895 eröffnet, bot es eine wahre
Sensation: Palmen und Palazzi, dazwischen Kanäle, von Gon-
deln mit Serenaden singenden Gondolieri befahren, außerdem
Straßensänger, eine Reihe von Champagnerpavillons und – so
genau nahm man es mit der Authentizität auch wieder nicht –
ein französisches Restaurant. Seit seiner Eröffnung übte dieser
Disneyland-Vorläufer, der im Kaisergarten, einem ebenfalls

Mit „Venedig in Wien" begann der Aufstieg des Kaisergartens zu einer
vielseitigen Theater- und Vergnügungsstadt, wo unter anderem die
berühmtesten Operettenkomponisten (F. Lehár, O. Straus u. v. a.)
ihre eigenen Werke dirigierten.

zum Nobelprater gehörigen Areal, stand, auf die Wiener eine
magische Anziehungskraft aus, die auch die Unternehmer des
Wurstelpraters schmerzhaft zu spüren bekamen. Zu den unzähligen Stammgästen gehörte unter anderem Wiens Bürgermeister
Karl Lueger; aber auch Schnitzler und sein Freundeskreis scheinen – in Zeiten, da das Reisen um einiges beschwerlicher und
weit weniger selbstverständlich war als heute – nicht immun
gegen die künstliche Exotik dieses Ortes gewesen zu sein. Gabor
Steiner, der damalige Besitzer des Kaisergartens und Gründer
von „Venedig in Wien", wurde allerdings durch eine andere
Einrichtung unsterblich: Er war es nämlich, der 1897 das
Riesenrad errichten ließ.

WURSTELPRATER

*Gestern, mein Schatz, waren wir im Prater (wir vier: ICH, Loris
[Hofmannsthal] – Salten – Beer-Hofmann –)– haben wahnsinnig
gedraht, sind nemlich im Schweizerhaus gesessen, haben Backhen-
deln mit Gurkensalat u Salami gegessen, und sind dann – bitte
nicht verhöhnen! – auf der Rutschbahn gefahren, dabei ereignete
sich nicht das geringste Stubenmädchen, und alle Backen blieben
ungekniffen ... – Damit nicht zufrieden schwelgten wir noch in
einer Zehnkreuzerbude ..., wo eine berückend schöne Donaunixe,
die ausschließlich mit einem Verdienstkreuz bekleidet war,
unglaubliche Evolutionen ausführte, und in einem zweiten Bild die
traurige Geschichte von der Loreley dargestellt wurde. Der „Schiffer
im kleinen Kahne" wurde durch einen höchstens 3 Jahre alten Kna-
ben dargestellt;– das goldene Haar der Loreley durch eine Perücke,
und dazu spielte ein armer Teufel von Musikant auf einem traurigen Pianino „Ich weiß nicht was soll es bedeuten". ... An der „braisgegrönten Hehrgulösgraffftmaschinne" – gingen wir schwächlich
vorüber.* (Brief an Adele Sandrock, 17. 5. 1894)

Felix Salten, einer von Schnitzlers Kumpanen auf diesem Pra-
terausflug, hat der *braisgegrönten Hehrgulösgraffftmaschinne*
mit der Transkription *bbbreißgegrennte Hhiakuleßgrafftmaschine (tiefer und eindringlich, das „Sch" sehr weich)* beizukommen
versucht. Und zwar ist das *einne Maschine, (langsam und feier-
lich) bei dea jedarr Hear seine Kiapa- oder Muschkelgrafft (rasch)
bemess'n kann. (Sehr gedehnt.) Waaas (sehr rasch) man hept!
(ebenso) waaas – man stemmt, (ebenso) waaas – man taucht und
was man schläckt (schreiend)! Drrrei Grreizza! (verächtlich, hoch-
deutsch) ene Paakatelle für daas, waas gebott'n würd.* Die zitierte
Stelle entstammt Saltens Buch *Wurstelprater*, und sie ist nicht die

einzige Beschreibung darin, die sich den gemeinsamen Ausflügen der „Griensteidl-Clique" zu verdanken scheint. Ein weiteres Beispiel: *Mit Loris, Salten, Rich. B.-H. [Beer-Hofmann] im Prater ... Der mystisch betrunkene Ausrufer. „Mit einem kleinen Flömmchen beleuchtet sie die gahnze Umgehbung – auf dem Haupte trägt sie den Abendstern.–"* (Tb. 9. 6. 1893) Näheres erfahren wir wieder von Salten: etwa dass dieser Ausrufer – Vertreter einer heute untergegangenen Zunft – die „Königin der Nacht" anpreist, oder dass er ein *echter Wiener Taugenichts ist, gescheit und keck, aber faul und leichtsinnig, wie man anderswo nicht*

Die „bbbreißgegrennte Hhiakuleßgrafftmaschine".

sein kann. Aber auch eine Schießbude, in der man unter anderem einen Adler abschießen kann, taucht bei beiden Schriftstellern auf. Salten erzählt von einem Burschen, der Tag für Tag im grünen Rock, mit Lodenhut und Feder hierher kommt, um den Adler zu schießen. *Diesen Leuten*, die von einer echten Jagd nur träumen können, *gehören die Buden* – nicht jungen Schnöseln wie Oskar Ehrenberg, der sich in Schnitzlers Roman *Der Weg ins Freie* ebenfalls an diesem Adler versucht, per Hetz natürlich; denn *wenn die Aristokraten sich „eine Hetz" machen wollen, spielen sie Volk und kommen in den Wurstelprater*, weiß Salten. Es müssen aber gar nicht unbedingt Aristokraten, es können auch junge Männer aus bürgerlichem Haus, aber mit aristokratischen Allüren sein – wie Schnitzler, Salten und Konsorten eben. Alfred von Wilmers in *Die kleine Komödie* (eine in Schnitzlers Griensteidl-Zeit entstandene Erzählung) ist allerdings wirklich ein Aristokrat:

... in den Wurstlprater geh' ich heut, mich so recht encanaillieren. – Erstens mich vor'n Wurstl hinstellen, zuschauen, und wenn sie den Juden totschlagen, werd' ich eine Freud' haben wie ein Schneidergesell! Und dann geh' ich in den Velozipedzirkus, wo die käuflichen Damen mit den siebenfarbigen Strümpfen herumradeln – und

dann gehe ich zum Wahrsager und zum Präuscher samt Extra-
kabinett. Und zum Calafatti.

Der Calafatti: Das war der ungekrönte König des Volkspraters,
der riesige „Chineser", den der Praterbudenbesitzer und Zaube-
rer Basilio Calafatti 1844, der Fernostmode folgend, in der Mitte seines damals ebenfalls hochaktuellen „Eisenbahncarousells"
aufgestellt hatte. (Heute steht die Statue unter Denkmalschutz.)
Präuscher's Panoptikum war ein Kuriositätenkabinett. Der
Wurstel schließlich, wie der Hanswurst, das Pendant des deutschen Pickelherings, in Wien liebevoll bezeichnet wird, gehört
zum Urbestand des nach ihm benannten, seit Ende des 18. Jahrhunderts bestehenden Vergnügungsparks. Mit unermüdlichem
Zornesmut prügelte er in Schnitzlers Jugendzeit immer noch
den „bösen Juden" – und zwanzig Jahre später, als der Dichter
nur noch mit seinen Kindern hierher kam, lieber denn je. Wenn
der Prater ein symbolischer Ort war, so war der Wurstel ebenso
sehr eine Symbolfigur. Nicht umsonst ist ein Marionetten-
theater namens *Zum großen Wurstel* in Schnitzlers gleichnamigem Stück der Schauplatz eines Panoptikums Wiener Typen.
Der Wurstel ist es auch, der am Ende als Tod kommt und allen
Marionetten, den künstlichen wie den menschlichen, die
Lebensfäden durchtrennt – eine Urgestalt nicht nur des „Wie-

Das Wursteltheater der Barbara Fux war eines der ältesten.
Es soll bereits 1834 existiert haben.

nerischen", sondern auch des „Spiels". In einem Spiel, das nie ein Ende nimmt, kann eben auch der Tod kein Format haben.

Damals war der Wurstel noch nicht ausschließlich Kindersache – das Ringelspiel auch nicht. Im Roman *Der Weg ins Freie* erinnert sich Georg Wergenthin im Prater an jenen geselligen Abend im Waldsteingarten, an dem er mit Anna Rosner näher bekannt wurde, und der mit einem Gang durch den Volksprater endete: *In diesem rotsamtenen Wägelchen ... hatte Else gelehnt, damenhaft anmutig, ungefähr wie in einem Fiaker am Derbytag ... Anna Rosner, lässig die Zügel in der Hand, würdig, aber mit einem etwas verschmitzten Gesicht, ritt einen weißen Araber; Sissy wiegte sich auf einem Rappen, der sich nicht nur im Kreise mit den andern Tieren und Wagen drehte, sondern außerdem hin- und herschaukelte ...* (Der Weg ins Freie)

Weit interessanter als heute war damals natürlich noch die Photographierhütte, von der ebenfalls in *Der Weg ins Freie* die Rede ist: *Dann kam die Hütte, wo die ganze Gesellschaft sich*

Schnellfotografie aus dem Prater, um 1892: Arthur Schnitzler (r. stehend), Richard Beer-Hofmann (l. sitzend) und Felix Salten (r. sitzend).

hatte photographieren lassen: die drei jungen Mädchen ..., in genienhafter Pose, die Herren mit himmelnden Augen ihnen zu Füßen, so daß das Ganze etwa ausgesehen hatte wie die Apotheose aus einer Zauberposse. Ob Schnitzler bei dieser Beschreibung wohl an ein Foto gedacht hat, das er selbst ein Jahrzehnt zuvor mit Salten, Beer-Hofmann und weiblicher Begleitung hatte machen lassen?

Die fröhliche Gesellschaft, so erinnert sich Georg Wergenthin im Roman, war sich aber auch darüber einig, *daß man den Prater nicht verlassen durfte, ohne auf der Rutschbahn gefahren zu sein. Sie sausten durchs Dunkel, hinab und wieder hinauf, im dröhnenden Wagen, unter schwarzen Wipfeln ...* Was hier als Rutschbahn bezeichnet wird, war eigentlich eine Berg- und Talbahn, ein Vorläufer heutiger Achterbahnen.

„Schön ist so ein Ringelspiel ...“

Kein anderer Ort zeigt vielleicht so sehr den Abstand zwischen Schnitzlers Zeit und der unsrigen wie der Wurstelprater – obwohl er seine Form im Wesentlichen seit damals beibehalten hat: 1873, anlässlich der Weltausstellung, waren nicht nur die Praterauen „verschönert“, das heißt teilweise von Bäumen „befreit“ und verbaut worden, sondern auch den Wurstelprater hatte man, dem gründerzeitlichen Denken folgend, „in Ordnung gebracht“, indem man statt der malerisch im Grünen verstreuten Hütten jene regelmäßigen Häuserzeilen angelegt hatte, die wir heute noch kennen. Aber welch ein Wandel der Attraktionen! Über die Laterna magica, die noch vor hundert Jahren Nebelbilder an die Wand zauberte, das Gänselieschen, Orpheus oder die schöne Träumerin, und den alten Mann, der dazu seine kleinen Geschichtchen erzählte, lächelt man in der Zeit der Bilderflut nur, und ebenso niedlich wirkt die Rutschbahn gegenüber den Höhen- und Sturzflügen, die heute geboten werden. Und wenn man dann noch bedenkt, dass auch der Wurstelprater in seiner jetzigen Form sich bereits überlebt hat ...

ZAUBER DER VORSTADT

„Die Wieden, mir persönlich unvergeßlich …" – Vorstadtalltag um 1900 auf der Wiedner Hauptstraße. Im Hintergrund links die Paulanerkirche.

In Schnitzlers Erzählung *Die kleine Komödie* begegnen einander zwei junge Menschen in der Alservorstadt, finden Gefallen aneinander und beginnen ein reizendes Liebesverhältnis. Was die beiden voneinander nicht wissen: Weder ist sie das naive „süße Mädel", das sie zu sein vorgibt, noch er der arme Künstler, für den sie ihn hält. Beide hat nur inmitten ihres mondänen (Liebes-)Lebens vorübergehend der Überdruss gepackt – und zugleich damit die Sehnsucht nach einer kleinen unschuldigen Vorstadtliebelei.

Die Liebe zur Vorstadt hat Schnitzler ein Leben lang beherrscht: zunächst als Präferenz für einen Frauentypus, den er als „süßes Mädel" in die Literaturgeschichte eingehen hat lassen; in späterer Zeit als Sehnsucht nach verlorenem Glück und verlorener Jugend. Unter „Vorstadt" im engeren Sinn verstand man im alten Wien das besiedelte Gebiet zwischen Stadtmauer und Linienwall (heute zwischen Ringstraße und Gürtel). 1850, im Zuge der ersten großen Stadterweiterung, wurde es der Gemeinde Wien einverleibt, und ein Jahrzehnt später fiel mit den Basteien auch die Trennwand zwischen der alten Stadt und den neuen Bezirken. Die Wiener ließen sich davon allerdings nicht beeindrucken; sie sprachen weiterhin von der „Vorstadt" –

und diese Abgrenzung von der Inneren Stadt entsprach auch ziemlich den sozialen Verhältnissen. Hier wohnten vor allem einfache Beamte, Kaufleute, Handwerker und Arbeiter mit ihren Familien – eine Welt, die unmittelbar jenseits der Ringstraße begann und doch ganz anders war als jene, in der Schnitzler aufwuchs.

Nur eine Verbindung gab es dorthin: die Frauen – jenen Typus des *kleinen Mäderl, das nichts anderes will als einen Ausflug am Sonntag oder einen Abend beim Volkssänger oder einen Sitz auf die dritte Galerie zu der neuen Operette oder ein Brasselett um einen Gulden und sehr, sehr, sehr viel Liebe* (Die kleine Komödie). Dass der Anschein von kindlicher Unschuld und Naivität in vielen Fällen trügerisch war, lag zum Teil eben daran, dass es so viele liebeshungrige und heiratsunwillige junge Männer wie den Medizinstudenten Schnitzler gab, welche die Vorstadt liebten und eben dadurch korrumpierten. Diese zerstörerische und grausame Mechanik aus Un- und Doppelmoral hat Schnitzler wie kein anderer zugleich in Gang gehalten und durchschaut. Auf seinen Spaziergängen an der Hand seiner Erzieherin Bertha Lehmann, die sich in einen Hernalser Infanterieleutnanten verliebt hat, schnuppert der kleine Arthur zum ersten Mal Wiener Vorstadtluft, *ja gewissermaßen Wiener Volksstückatmosphäre* (Jugend in Wien). Weniger dem Genuss dieser Atmosphäre als vielmehr der – bald mehr, bald weniger erfolgreichen – Jagd auf das weibliche Geschlecht dienen freilich die in der Studentenzeit gemeinsam mit Freunden unternommenen Promenaden durch die Neubau-, Josefstädter-, Alser- und andere Vorstadtgegenden. Noch der vierunddreißigjährige Dichter, ohnehin von seinen verwickelten Liebesverhältnissen vollauf in Anspruch genommen, notiert in seinem Tagebuch: *Vorm. 2 Madeln nachgelaufen ... Zauber der Vorstadt ...*

Ihr seid ja alle so typisch: eine berühmte Feststellung aus dem Mund Anatols – der natürlich selbst auch ein Typus ist, nämlich *leichtsinniger Melancholiker*. Aber nicht nur in den Menschen, auch in den Orten sucht der junge Schnitzler das Typische, das ihm zum Material seiner Dichtung wird. Auffällig genau vermerkt er 1893 im Tagebuch Details aus der Inneneinrichtung von Zimmern seiner Geliebten – zum Beispiel ein *Meyer's Conversationslexikon*, das nur bis zum „G" geht. Bald danach findet es sich im Zimmer Christine Weirings wieder – der Heldin in *Liebelei*: jener Geschichte vom leichten Verhältnis des wohlhabenden Studenten Fritz zu Christine, der Tochter eines kleinen Theatermusikers, die sich in den Tod begibt, als sie erkennt, dass sie für ihren Geliebten *nichts gewesen [ist] als ein Zeitvertreib*. Bevor Fritz zum Duell mit dem Ehemann seiner früheren Geliebten geht, erscheint ihm Christines Zimmer ein paar Augenblicke lang wie ein Hort des Glücks. Und auch Anatol verspürt Ähnliches: *Also – denken Sie sich – ein kleines, dämmeriges Zimmer – so klein – mit gemalten Wänden – und noch dazu etwas zu licht – ein paar alte, schlechte Kupferstiche mit verblaßten Aufschriften hängen da und dort ... Ja, dort bin ich auch zuweilen glücklich* (Weihnachtseinkäufe). Auch Josefine Weninger, die als Vorstadtmädchen verkleidete Mondäne in *Die kleine Komödie*,

„Das Ideal des ‚süßen Mädels‘, wie ichs geträumt ...“ – Mizi Glümer, um 1890.

sucht in der Vorstadt nicht das Individuelle: *Ich geh durch die Währingerstraße – rein zufällig, es hätt' ebenso die Alserstraße sein können* ... Unvergesslich und einzigartig werden die Orte erst, sobald sich Unvergessliches damit verbindet. Umso mehr, wenn das Unvergessliche ein Glück ist, das man verloren hat. Es gibt eine Gegend, die für Schnitzler weit mehr als nur „Vorstadt" war und an der sein Herz vielleicht mehr hing als an allen anderen Orten, die sein Leben prägten – einen Ort, der ihm zum verlorenen Paradies wurde: die Wieden.

Die eigentliche Wieden – mir persönlich unvergeßlich ..., schreibt Schnitzler einmal. Die *eigentliche* Wieden – das ist nicht der Bezirk Wieden, der seit 1850, in seiner heutigen, verkleinerten Form seit 1874 besteht, sondern nur ein Teil davon: Es ist das Gebiet der ehemaligen Gemeinde, die dem Bezirk ihren Namen gegeben hat. Sie erstreckte sich südlich des Karlsplatzes entlang der Wiedner Hauptstraße und war im Vormärz Wiens größte und volkreichste Vorstadtgemeinde. Auch später noch gehörte sie zu den reichsten Gebieten jenseits des Rings. Der an die Landstraße anschließende östliche Teil zwischen Heugasse (der heutigen Prinz-Eugen-Straße) und Favoritenstraße mit seinen

Palais und Gärten, wo sich die ausländischen Botschaften aneinanderreihen, war ein regelrechtes Nobelviertel. Weiter westlich gewann die Wieden Vorstadtcharakter, aber auch hier wohnten keine Arbeiter, sondern hauptsächlich einfache Bürger.

Diese „einfache" Wieden ist mit der traurigsten und intensivsten Liebesgeschichte im Leben des jungen Schnitzler verknüpft. Hier wohnte die bezaubernde Schauspielerin Marie (Mizi) Glümer, mit der Schnitzler drei Jahre lang eine ebenso leidenschaftliche wie (von Schnitzlers krankhaften Eifersuchtsanfällen abgesehen) glückliche Beziehung hatte. Als Mizi im Sommer 1892 eine Stelle an einem Provinztheater annahm und heimlich Wien verließ, um sich und dem Geliebten den Schmerz des Abschieds zu ersparen, war Schnitzler tief verzweifelt – noch mehr aber, als er ein halbes Jahr später von ihrer Untreue erfuhr. Noch lange danach, als er bereits seit Jahren mit der Gesangslehrerin Marie Reinhard liiert war, konnte er „Mizi I", wie er sie in den Tagebüchern jener Zeit nennt, nicht vergessen.

PAULANERGASSE 4 (4.)

Und er erinnerte sich des alten Hauses in der Paulanergasse, des niedern Tors, der schlecht beleuchteten Stiege, die er bisher nicht öfter als drei- oder viermal hinaufgegangen war, wie man an Liebgewordenes und Bekanntes denkt. (Der Weg ins Freie)

Die Paulanergasse, in der eine Zeit lang der Operettenkomponist Emerich Kálmán wohnte, verläuft hinter der alten Paulanerkirche quer zum unteren Teil der Wiedner Hauptstraße. In Schnitzlers Jugendzeit gab es nur den östlichen Teil, der die Wiedner Hauptstraße mit der Favoritenstraße verbindet. Hier wohnt in Schnitzlers Roman *Der Weg ins Freie* Georg Wergenthins Geliebte Anna:

Nun stand er vor dem Hause in der Paulanergasse, wo die Rosners wohnten. Er sah zum zweiten Stockwerk auf. Ein Fenster war offen, weiße Tüllvorhänge, in der Mitte zusammengesteckt, bewegten sich im leichten Zuge des Windes.

Schnitzler hat Anna Rosner die Züge Marie Reinhards gegeben. Die wohnte allerdings, als er sie kennen lernte, im Bezirk Mariahilf. Ein zufällig gewählter Ort also, das Haus in der Paulanergasse? Keineswegs: Es ist eben jenes Haus – Schnitzler verrät es selbst im Tagebuch –, in dem Mizi Glümer zu der Zeit wohnte, als Schnitzler ihre Bekanntschaft machte.

Das Haus Paulanergasse 4, das 1905 einem Neubau weichen musste, gehört zu den Stätten, die nicht nur in Schnitzlers großem Wiener Roman, sondern auch in der Erinnerung des Dichters mit einer gewissen Obsession wiederkehren. Ein Ort wehmütiger Erinnerung ist es bereits eineinhalb Jahre nach Schnitzlers erster Begegnung mit Mizi, deren Familie inzwischen übersiedelt ist; die Beziehung ist zwar immer noch leidenschaftlich, aber die Zeit des größten Glücks ist für Schnitzler offenbar vorbei: *Blick in die Paulanergasse, als läge dort ein Stück süße Vergangenheit mit einer ganz andern Heldin*, liest man im Tagebuch von 1891. Als Mizi aber Wien verlässt, und erst recht, als es zum Bruch zwischen ihnen kommt, wird dieser Ort für Schnitzler zum Symbol all dessen, was er verloren hat. Noch Jahre nach

dem Ende der Beziehung verrichtet er vor Mizis Haus und den anderen Schauplätzen ihrer Liebesgeschichte seine *psychologischen Andachten*, als könnte er auf diese Weise das Gewesene wieder heraufbeschwören.

Kein Wunder, dass in einer Erzählung Schnitzlers von 1900, *Frau Berta Garlan*, die Wieden zum Symbol von verlorener Jugend und unwiederbring-

Der Vorgängerbau dieses Hauses wurde zu einem der wichtigsten „Gedächtnisorte" in Schnitzlers Leben.

lich Vergangenem wird: In der Nähe der Karlskirche liegt das Zimmer, das der erfolgreiche Geiger Emil Lindbach für eine Nacht mit seiner Jugendliebe mietet, die ihm nach vielen Jahren in Wien einen Besuch abstattet. Als er und Berta, die nun in der Provinz wohnt und vor drei Jahren ihren Mann verloren hat, ein Liebespaar waren, hat er ein Zimmer hinter der Paulanerkirche bewohnt.

... ja, er hatte ihr das Fenster gezeigt, als sie einmal vorübergingen, und bei dieser Gelegenheit eine Bemerkung gewagt – des Wortlauts entsann sie sich nicht mehr, aber der Sinn war bestimmt der gewe-

sen, daß sie mit ihm in diesem Zimmer zusammen sein sollte. Sie hatte ihn damals sehr streng zurechtgewiesen, ja, sie hatte erwidert, wenn er so von ihr dächte, sei alles aus ... Ob sie das Fenster wiedererkannte? Ob sie es fände?

Berta findet das Fenster nicht mehr wieder, ebenso wenig wie sie Emils Liebe zu ihr wieder zum Leben erwecken kann. Der Geiger lebt inzwischen in der Inneren Stadt; aber nur auf dem Boden der Vorstadt, der ihre gemeinsame Vergangenheit trägt, findet er für eine kurze Nacht zu ihr – für eine kleine Episode, eine flüchtige Erinnerung an frühere Zeiten.

TAUBSTUMMENGASSE (4.)

Nach einem Ausflug in die Brühl im Sommer 1893 geht Schnitzler, von der Südbahn kommend, durch die *Taubstummen-, Paulanergasse etc.* heimwärts und denkt – wie so oft – an Mizi Glümer: *Wie ekelhaft mußte das enden! Ich kann mich noch nicht erholen.* Auch die Taubstummengasse, die von der Paulanergasse nur durch ein kurzes Stück der Favoritenstraße getrennt ist, hat ihren Platz in dieser Geschichte, denn hier mietete Schnitzler wenige Monate nach seiner ersten Begegnung mit Mizi eine kleine Wohnung für ihre Rendezvous: *zwei trauliche Zimmer in einem Vorstadthause, mit alten Familienbildern und einer Uhr, die jede Viertelstunde schlägt.* Schnitzler sucht und genießt das Klischee – ebenso wie der Student Fritz in *Liebelei*, als er zum ersten Mal Christines wunderliebes kleines Zimmer betritt: *Jetzt bin ich nahe dran zu glauben, daß hier mein Glück wäre ...* Bemerkenswert ist nur, dass nicht dieses Haus, sondern jenes, in dem Mizi mit ihrer Familie wohnte (und das Schnitzler, wie er selbst im Tagebuch feststellt, nie betreten hat!), so bedeutend für seine Erinnerung geworden ist.

Die berühmte Schauspielerin Adele Sandrock, die manchen vielleicht als komische uralte Dame im deutschen Film der dreißiger Jahre ein Begriff ist, war (in weit jüngeren Jahren freilich) eine der Frauen, mit denen sich Schnitzler vergeblich über seine untreue Geliebte zu trösten versuchte – eine kapriziöse und anspruchsvolle Künstlerin, die es wohl schwer ertrug, dass ein Mann, der sie haben konnte, für Vorstadtmädchen schwärmte. Etwas von jener Mischung aus Neid und Verachtung, die auch die „Mondäne" Gabriele im Einakter *Weihnachtseinkäufe* spüren lässt, schwingt in einem höchst kuriosen Vorfall mit, den Schnitzler bei einem Spaziergang mit Dilly, wie er die Sandrock nennt, erlebt:

*Abends mit Dilly spazieren, Wieden. – Beim Eintritt in die Taub-
stummengasse sag ich: Das ist die Tbstg. – Sie: Diese Gassen gefallen mir nicht. Ich: Mir ja. Mir ist die Wieden überhaupt sympathisch. Darauf sie: Wer weiss was du da erlebt hast – vielleicht gerad
in diesem Haus – im ersten Stock! – und wies mit dem Schirm hinauf – Ich war fast starr – es war nämlich genau das Haus, genau
unter dem Fenster des 1. Stockes, wo ich vor 5 Jahren mit Mz. [Mizi
Glümer] zusammen war! –* (Tb. 21. 10. 1894)

ELISABETHBRÜCKE (1., 4.)

*... seit vorgestern abend ist Mizi, die durch Jahre mein Glück, mein alles,
meine einzige Seligkeit war, weg; ... Jetzt bin ich über die Elisabethbrücke und an Anlagen vorbei gegangen, wo ich fast täglich mit ihr
ging – ich begriff, was es heißt: Mir bricht das Herz.* (Tb. 23. 8. 1892)

Namenlosen Schmerz fühlt Schnitzler über Mizi Glümers heimli-
che Abreise. Ganz anders die Stimmung, in der Georg Wergen-
thin, von einem Besuch bei Anna kommend, den Weg über die
Brücke geht: *Langsam schlenderte er über die Elisabethbrücke an der
Oper vorbei der innern Stadt zu und ließ, unbeirrt durch Geräusch und
Treiben rings umher, sein Lied in sich nachtönen.*

Die Elisabethbrücke über den unregulierten Wienfluss war als
Verbindung der Kärntnerstraße mit der Wiedner Hauptstraße die
wichtigste Nahtstelle zwischen den zwei Welten, in denen Schnitzler sich eine Zeit lang hauptsächlich bewegte: der Innenstadt und
der Wieden. 1854 eröffnet, wurde sie nach der späteren Kaiserin
Elisabeth benannt, die damals als Braut Kaiser Franz Josephs über
diese Brücke in Wien einzog. Mit ihren Balustraden, auf denen –
ähnlich der Prager Karlsbrücke – Marmorstatuen aufgestellt
waren (die heute den Rathausplatz flankieren), verlieh die
Elisabethbrücke dem Karlsplatz ein prächtiges Aussehen. Die
Schönheit musste allerdings bald der Zweckmäßigkeit weichen:
1897 wurde die Brücke gesperrt und danach abgetragen. Die
Überwölbung des Wienflusses im Zusammenhang mit dem Bau
der Stadtbahn hatte sie überflüssig gemacht.

Auch Berta Garlan geht über die Elisabethbrücke, als sie die
Schauplätze ihrer Jugendliebe aufsucht:

*Sie staunte, wie sich hier alles verändert hatte. Wie sie von der
Elisabethbrücke aus hinunterschaute, sah sie Mauern, die aus dem
Wienbett aufstiegen, halbfertige Geleise, kleine Waggons in Be-
wegung und beschäftigte Arbeiter.*

*Oben: Über die Elisabethbrücke führte Schnitzlers Weg in die Paulaner-
gasse, zu Mizi Glümer. Foto um 1880, mit unreguliertem Wienfluss.
Unten: „Sie staunte, wie sich hier alles verändert hatte ..." – 1897
wurde die Elisabethbrücke abgetragen (im Vordergrund die im Bau
befindliche Notbrücke).*

Offenbar sind bereits die ersten Bauarbeiten und damit auch
die Vorbereitungen zur Beseitigung der Brücke angelaufen.
Diese beginnende Zerstörung jener Landschaft, die einst die
Kulisse von Bertas „großer Liebe" bildete, ist ein Vorzeichen
dafür, dass Bertas Bemühen, die „Brücke zur Vergangenheit" zu
schlagen, zum Scheitern verurteilt ist.

ZUR GLOCKE
(6., ECKE DREIHUFEISENGASSE HEUTIGE
LÉHARGASSE/GUMPENDORFER STRASSE)

*... Mizi. Unser Verhältnis wurde viel intensiver ... Aber die Vergan-
genheit blitzt wieder höhnisch mitten in meine glücklichsten
Momente. Manchmal freilich alles gut, wenn sie, mir zu Füßen mir*

die Hände küsst, oder wenn wir spazieren fahren, oder zusamm in
irgend einer Vorstadt beim Nachtmahl sitzen. (Tb. 17. 1. 1890)

Die Gastwirtschaft *Zur Glocke* im Bezirk Mariahilf, an der Ecke
Dreihufeisengasse/Gumpendorferstraße, war Schnitzlers und
Mizi Glümers Stammlokal. Hier saßen sie oftmals abends bei-
sammen, und noch Jahre später suchte Schnitzler an diesem Ort
die Erinnerung an das entschwundene Glück. Was Schnitzler
zur Zeit seiner Beziehung mit Mizi nicht wusste: In der Dreihufeisengasse wohnte damals jene junge Frau, die aus Mizi
Glümer „Mizi I" machen sollte: Marie Reinhard.
Die *Glocke* lag noch im Nahbereich der Ringstraße – und zwar
im Rücken der Schnitzler'schen Familienwohnung Burgring 1.
Mehr Vorstadtflair als um 1890 dürfte sie in der Vergangenheit
gehabt haben, ein halbes Jahrhundert vor Schnitzlers Tête-à-
Têtes mit Mizi. Damals war die *Glocke* das Stammlokal Joseph
Lanners, der sogar auf der Hausmauer seine Spuren hinterlassen haben soll: Angeblich hat er hier einmal die ersten Takte
seines bekannten Walzers *Abendsterne* hingekritzelt. Trotz dieser netten Visitenkarte heißt die Dreihufeisengasse heute aber
Lehár- und nicht Lannergasse.

ALTLERCHENFELDER KIRCHE (7.)

In seiner Autobiografie erzählt Schnitzler von einem Jugend-
freund, den er *zuweilen auf seiner Studentenbude in der Lerchen-*
felderstraße [besuchte], der alten Kirche gegenüber, die mir in spä-
teren Jahren bedeutungsvoll werden sollte. Nun, der Name der
Kirche dürfte Schnitzler ein wenig irregeführt haben, denn die
Altlerchenfelder Kirche, wie die „Kirche zu den heiligen sieben
Zufluchten" allgemein genannt wird, ist nichts weniger als alt,
auch wenn sie so heißt. (Altlerchenfeld nannte man im 18. Jahrhundert den diesseits des Linienwalls gelegenen Teil des Dorfes
Lerchenfeld, im Unterschied zu Neulerchenfeld.) Der in den
Jahren 1848 bis 1861 errichtete neugotische Backsteinbau, in
dem sich mittelalterliches deutsches und italienisches Formengut
verbinden, gilt als wichtigster Sakralbau des romantischen
Historismus in Österreich. Interessant daran ist etwa die seltene
Ausrichtung des Altars nach Westen oder der vollständig bemal-
te Innenraum von Eduard van der Nüll, einem der beiden
Architekten der Wiener Staatsoper. Für Schnitzler gewann die
Altlerchenfelder Kirche freilich aus einem anderen Grund

Bedeutung: Sie gehörte ebenfalls zu jenen Orten in der Vorstadt, die in späteren Jahren mit der Erinnerung an eine geliebte Frau verknüpft waren. *Mit Mz. Rh. [Mizi Reinhard] Spaziergang bis zur und in die Altlerchenfelderkirche. Es war sehr schön, hatte Duft*, liest man im Tagebuch am 4. Februar 1895. Jahre später hat der Dichter dieses Erlebnis im Roman *Der Weg ins Freie* verarbeitet: Mit dem Besuch der Altlerchenfelder Kirche (der Name fällt an einer späteren Stelle des Romans) verbindet sich eine der innigsten Stunden, die Georg und Anna miteinander verbringen:

Der Innenraum der Altlerchenfelder Kirche, der drittgrößten Pfarrkirche Wiens. Foto um 1890.

Sie waren auf einen ausgeweiteten Platz gekommen mit einer kleinen Gartenanlage, die nur spärlich beleuchtet war. Hinten erhob sich rötlich schimmernd eine Kirche. Dorthin, als zög' es sie an einen stillern Ort, wandelten sie unter dunkeln, leise schwankenden Ästen ... Sie traten in die Kirche. Es war fast dunkel in dem weiten Raum. Nur vor einem Seitenaltar brannten trübe Kerzen, und drüben, hinter einer kleinen Heiligenstatue, schimmerte ein armes Licht. Ein breiter Strom von Weihrauchduft floß zwischen Wölbung und Steinfliesen hin. (Der Weg ins Freie)

In *Frau Berta Garlan* ist die Kirche Schauplatz eines Konzertes, in dem Emil Lindbach als Solist mitwirkt. Berta wundert sich darüber, dass der renommierte Geiger in einer Vorstadtkirche spielt. Hat er hier eine Geliebte – vielleicht eine kleine Chorsängerin? Weder sie noch der Leser erhalten eine Antwort auf diese Frage. Möglich aber, dass Schnitzler an seine eigene Geliebte dachte, mit der er die Kirche besucht hatte. Mizi Reinhard war Gesangslehrerin; ob sie in der Altlerchenfelder Kirche gesungen hat, haben wir allerdings nicht herausgefunden.

THEATER

Schnitzler fühlte sich im Theater zu Hause wie vielleicht
nirgendwo sonst. Probenfoto im Volkstheater zu seinem Stück
„Im Spiel der Sommerlüfte", 1929.

Das Theater hat Schnitzlers Leben und Werk ganz entscheidend
geprägt: Seit seiner Kindheit war er ihm verhaftet – zunächst als
Zuschauer, später dann auch als Autor. Er zählte Schauspielerinnen zu seinen Geliebten wie etwa Mizi Glümer oder Adele
Sandrock, Schauspieler und Schauspielerinnen gehören zu den
immer wiederkehrenden Figuren seiner Dramen und Erzählungen. Vor allem aber wäre die allgegenwärtige Verknüpfung
von Spiel und Ernst, Wahrheit und Komödie, Tragik und
Posse, aber auch der Stil seiner Dichtung – ja, vielleicht die
Gesellschaft selbst, die Schnitzler dargestellt hat, nicht denkbar
ohne die spezifische Wiener Theaterkultur.
Schnitzlers Werk konnte nur in Wien entstehen, jener Stadt, in
der das Theater seit jeher einen Stellenwert hatte wie nirgendwo sonst und wie keine andere Kunstgattung. Dass sich das
gebildete Publikum im England des 19. Jahrhunderts über die
neuesten politischen Ereignisse unterhielt, während in Wien die
Aufführungen des Burgtheaters oder der Hofoper den bevorzugten Gesprächsstoff bildeten, ist zwar ein Klischee, aber nicht
ohne wahren Kern. Stefan Zweig hat in *Die Welt von Gestern* den
Schauspielerkult im alten Wien beschrieben, wo der Minister-
präsident, der reichste Magnat durch die Straßen gehen konn-

ten, ohne dass sich jemand nach ihnen umwandte, ein Hofschauspieler, eine Opernsängerin dagegen von jedem Fiaker erkannt wurden. Und wenn in Schnitzlers Tagebüchern die politischen Ereignisse sogar während des Ersten Weltkrieges nur einen Bruchteil jenes Platzes einnehmen, der den Proben und Aufführungen diverser Stücke in diversen Theatern gewidmet ist, so ist das sicher ein extremes Beispiel, spiegelt aber doch die Tendenz einer ganzen Generation.

Arthur Schnitzler war, was das Theater anbelangt, allerdings familiär „vorbelastet": Sein Vater war nicht nur ein beispielhafter Vertreter des liberalen Bürgertums, in dem sich rationalistische Lebenshaltung und Liebe zur Kunst verbanden, in seinem Fall kam noch ein „erschwerender" Faktor hinzu: Als Kehlkopfspezialist zählte er zahlreiche Schauspieler zu seinen Patienten, und viele von ihnen – etwa die große Tragödin Charlotte Wolter – verkehrten auch als private Gäste in seinem Haus. Sein Sohn erbte dieses Nahverhältnis ebenso wie den väterlichen Stammsitz im Parkett des Burgtheaters.

Die intensiven Erfahrungen mit der Schauspielerei beschränkten sich aber keineswegs auf die „Burg", im Gegenteil: In Schnitzlers Tagebüchern finden sich neben dem Burg-, Volks- und Josefstädter Theater, dem Theater an der Wien (früher Wiedner Theater genannt) oder dem Raimundtheater zahlreiche mehr oder weniger vergessene Namen: das Carltheater, das Jantschtheater (Fürsttheater, späteres Lustspieltheater) im Prater, das Kleine Schauspielhaus in der Johannesgasse (das moderne, auch literarisch interessante Stücke spielte), das Johann Strauß-theater in der Favoritenstraße, die Neue Wiener Bühne (das spätere Orpheum), das Kärntnertortheater, das Uraniatheater und noch einige mehr. Hinzu kommen Hofoper (die jetzige Staatsoper) und Stadttheater (die heutige Volksoper). Auch Apollotheater und Coloseum, wo man die leichtere Muse genießen konnte, fehlen nicht gänzlich. Dem Kabarett und dem Revuetheater, die in den neunziger Jahren des 19. Jahrhunderts ihre Blütezeit erlebten, konnte Schnitzler allerdings nicht viel abgewinnen.

Was für eine hervorragende Bedeutung das Theater (einschließlich Musiktheater) in Schnitzlers Studentenzeit hatte, zeigt seine zeitweilige Gewohnheit, am Ende des Jahres eine Statistik seiner Theater- und Opernbesuche aufzustellen. So heißt es 1879: *Ich war im Burgtheater 14, Oper 11, Stadtth. 15, Wieden 4, Carlth. 7,*

Theater im alten Österreich:

Meininger 2, ... Fürstth. 1, Thaliath. 2, Circus 1mal. Und ein Jahr
darauf: *Burg 25, Oper 8, Stadttheater 7, Carlth. 6, Wiednerth. 3,
Matzleinsdorferth. 4, Ringth. 1mal.* Noch wichtiger freilich wurde das Theater für Schnitzler ab den neunziger Jahren, als er
sich mit seinen Dramen die Wiener Bühnen zu erobern begann.
Die Besuche von Proben und Aufführungen, nicht nur seiner
eigenen, sondern auch fremder Stücke, außerdem Besprechun-
gen mit Schauspielern und Theaterdirektoren gehören zu den
wichtigsten Fixpunkten im Leben des arrivierten Dichters.
Dabei machte es ihm ein unheilbares Ohrenleiden mit der Zeit
immer schwerer, dem gesprochenen Text zu folgen. Trotzdem
hat er nie aufgehört, auch als Zuschauer das Theater zu besu-
chen – was auf ergreifende Weise zeigt, wie viel ihm dieser Ort
bedeutet haben muss.

CARLTHEATER
2., PRATERSTRASSE 31

Das 1951 demolierte Carltheater wurde selbst 1847 an der Stelle
eines demolierten Theaters – nämlich des Leopoldstädter
Theaters – erbaut. Hier wurde vor allem das leichte Genre, die
Operette und die Posse, gepflegt. Das Gebäude war von densel-
ben Architekten (Siccardsburg und Van der Nüll) entworfen
worden wie die zwei Jahrzehnte später errichtete Hofoper und
befand sich in der Praterstraße, in der Nähe von Schnitzlers
Geburtshaus. Davon konnte Schnitzler allerdings nicht profitie-
ren, da die Familie ja bereits kurze Zeit nach seiner Geburt in

links das Carltheater, in der Mitte das Kärntnertortheater, rechts das alte Burgtheater.

die Innere Stadt übersiedelte. Wichtig wurde dieses Theater vielmehr aus einem anderen Grund: *In den sechziger Jahren wohnten meine Großeltern im Carltheatergebäude, so daß meine theatralischen Erlebnisse schon aus diesem äußeren Grunde zu einer besonders frühen Epoche anheben ...* (Jugend in Wien) Das erste Erlebnis dieser Art verknüpft sich mit einem Blick aus dem Hoffenster der großelterlichen Wohnung; da sieht der kleine Arthur zum ersten Mal einen Schauspieler, der in Alt-Wiener Tracht, mit einer Tragebutte auf dem Rücken, von den Garderoberäumen der Bühne zustrebt. Im Carltheater wohnt Schnitzler, wie er sich später zu erinnern glaubt, auch seiner ersten Vorstellung bei. Damals hätte der ehrfürchtige Theaterneuling sich wohl nicht vorstellen können, dass auf dieser Bühne drei Jahrzehnte später ein von ihm geschriebenes Stück gespielt werden würde: 1898 erlebt das Drama *Freiwild* hier seine erfolgreiche Wiener Premiere. Im Tagebuch steht an diesem Tag: *Abd. im Theater, hinter der Scene, wo ich mich sehr wohl fühlte, das Leben wird leichter – hinter den Kulissen.*

KÄRNTNERTORTHEATER
(1., PHILHARMONIKERSTRASSE, HEUTE AUGUSTINERSTRASSE)

Das 1709 eröffnete Kärntnertortheater (welches 1761 einem verheerenden Brand zum Opfer fiel und durch einen Neubau ersetzt wurde) hat in der Wiener Theatergeschichte einen besonderen Platz, immerhin war es die erste feste Heimstätte von

Joseph Anton Stranitzkys berühmtem Hanswurst, der seine Stegreifpossen bis dahin in bescheidenen Holzhütten auf verschiedenen Plätzen der Stadt zum Besten gegeben hatte. Hier kam aber auch das bürgerliche Wiener Publikum erstmals in den Genuss von bis dahin Hof und Adel vorbehaltenen Opernaufführungen. (Unter den hier tätigen Kapellmeistern war auch Antonio Salieri, Mozarts angeblicher Rivale).

Ebenso wie das heimelige alte Burgtheater musste auch das Kärntnertortheater, inzwischen längst „Kaiserliches Hoftheater", dem Ringstraßen-Monumentalstil weichen: 1870 wurde es abgerissen, ein Jahr nach der Eröffnung der neuen Hofoper, der heutigen Staatsoper. Schnitzler war damals noch nicht einmal acht Jahre alt; dass er das Kärntnertortheater noch kennen gelernt hat, zeigt, wie früh die Infektion mit dem „Theatervirus" erfolgt ist. Da die Familie mit vielen Schauspielern gut bekannt war, konnte es auch passieren, dass bei einer Vorstellung von Gounods *Margarethe* Faust und Mephisto *während einer Gesangspause sich hinter einen Busch zurückzogen und von dort aus zu unserer Loge einen deutlichen Gruß mit Händenwinken und Verneigen heraufsandten* ... Dieses einigermaßen irritierende Erlebnis *mag*, so der Dichter vierzig Jahre später, *in all seiner Geringfügigkeit das Seine zu der Entwicklung jenes Grundmotivs vom Ineinanderfließen von Ernst und Spiel, Leben und Komödie, Wahrheit und Lüge beigetragen haben, das mich immer wieder ... bewegt und beschäftigt hat* (Jugend in Wien).

MATZLEINSDORFER THEATER
(5., WIEDNER HAUPTSTRASSE 123, 123A, 125)

Wer weiß heute noch von der Existenz dieses vormalig Fürstlich Sulkowski'schen Privattheaters, wo Bühne und Zuschauerraum *... in so zierlichen Dimensionen gehalten [waren], dass mir in der Erinnerung ist, als hätte ich von der Ersten-Stock-Loge im Proszenium mit dem Arm zum Souffleurkasten hinunterreichen können?* Das Matzleinsdorfer Theater gehörte zu den oft sehr populären Wiener Übungstheatern. 1861 hatte der Komparsenchef des Burgtheaters, Valentin Niklas, das Gebäude gepachtet und daraus eine Art Probebühne für junge Talente gemacht, auf der etwa Josef Kainz, der spätere große Burgtheater- (und Schnitzler-)Schauspieler, zum ersten Mal auftrat. Durch einen Theater spielenden Schulkollegen kam Schnitzler hier erstmals in lebhaften Kontakt mit der Bühnenwelt und brachte es sogar bis zu einem platonischen Stelldichein mit der jugendlichen Liebhaberin des Theaters – die erste von vielen Schauspielerinnen, die in Schnitzlers Leben eine (später allerdings meist weniger platonische) Rolle spielen sollten.

HOFOPER
(1., OPERNRING, HEUTIGE STAATSOPER)

Schnitzlers Umgang mit der Musik, seiner zweiten großen Liebe neben dem Theater, war ein typisch „bürgerlicher". Begabter Pianist, spielte er regelmäßig vierhändig mit seiner Mutter, er liebte Richard Wagner, besuchte Abonnementkonzerte – und ging in die Oper. Die Hofoper, die heutige Staatsoper, hatte ebenso wie das Burgtheater nicht nur eine eminente künstlerische, sondern vor allem auch eine gesellschaftliche Bedeutung, sie war für das großbürgerliche Logenpublikum „Schauplatz" in doppeltem Sinn. Aber dieser abgeschlossene Kunst-Raum verkörperte zudem in Zeiten, da die alte Welt in ihrer Substanz bedroht wurde, die Einheit und Sicherheit, die draußen immer mehr verloren ging. In Schnitzlers Roman *Der Weg ins Freie* findet sich ein berührendes Liebesbekenntnis zu diesem „Elfenbeinturm", das zugleich als Eingeständnis einer tiefen Verunsicherung zu lesen ist. Der junge Aristokrat Georg Wergenthin besucht am Abend vor seiner Abreise nach Deutschland, wo er eine Stelle als Kapellmeister bekommen hat, noch ein letztes Mal die Oper:

Und als der Vorhang zum erstenmal gefallen war und das Licht den rotgoldenen Riesenraum durchflutete, fühlte er sich keineswegs in unangenehmer Weise ernüchtert, sondern es war ihm vielmehr, als tauchte er sein Haupt von einem Traum in den andern; und eine Wirklichkeit, die von allerhand Bedenklichem und Kläglichem erfüllt war, floß irgendwo draußen machtlos vorbei. Niemals, so schien es ihm, hatte die Atmosphäre dieses Hauses ihn so sehr beglückt wie heute; nie war seiner Empfindung so offenbar gewesen, daß alle Menschen für die Dauer ihres Hierseins in geheimnisvoller Weise gegen allen Schmerz und Schmutz des Lebens gefeit waren.

Die „Burg" wird an der Ringstraße heimisch: Blick vom Rathaus auf das Neue Burgtheater kurz vor dessen Vollendung.

BURGTHEATER

(I., FRANZENSRING, HEUTE DR.-KARL-LUEGER-RING)

Das neue Burgtheater war noch im Bau; wir spazierten an einem Spätherbstabende vor dem Bretterzaun auf u[nd] ab ... Da sagten Sie, mit einem bescheiden erobernden Blick, der auf den emporsteigenden Mauern ruhen blieb: da komm' ich einmal hinein! Ja, mein lieber Freund, damals wäre der Moment gewesen, mich für Ihr vielfaches ironisches Lächeln einmal pauschaliter mittelst eines grausamen Hohnlachens zu revanchiren ...
(Brief an Theodor Herzl, 5. 8. 1892)

Zu dieser Zeit hatte der ehrgeizige junge Schriftsteller Theodor Herzl noch keine Ahnung davon, dass er nicht als Dramatiker, sondern als Begründer des Zionismus berühmt werden würde. Das *grausame Hohnlachen* bezieht sich nicht auf einen Misserfolg Herzls. Als Schnitzler ihm seine selbstbewusste Prophezeiung in Erinnerung rief, hatte sie sich bereits erfüllt: Drei Werke Herzls waren im Burgtheater schon aufgeführt worden – von Schnitzler noch keines. Vielmehr bezeichnet das *Hohnlachen* die Perspektive des jungen Schriftstellerkollegen, für den das Burgtheater, die in jener Zeit führende deutschsprachige Bühne, wie für Herzl eine Art österreichischen Olymp bedeutete. Hier als Bühnenautor Einlass zu finden war der große

Schauspiel in einem Akt von Giuseppe Giacosa. Deutsch von Otto Eisenschitz.

Paul	—	—	—	Hr. Hartmann.
Anna, seine Frau	—	—	—	Fr. Hohenfels.
Marius, sein Bruder	—	—	—	Hr. Kraftel.
Johanna, Magd	—	—	—	Frl. Kratz.

Ort der Handlung: Eine Villa auf dem Lande. — Zeit: Die Gegenwart

Zum ersten Mal:

Liebelei

Schauspiel in drei Akten von Arthur Schnitzler.

Hans Weiring, Violinspieler an einem Vorstadttheater	—			Hr. Sonnenthal.
Christine, seine Tochter	—	—	—	Frl. Adele Sandrock.
Mizi Schlager, Modistin	—	—	—	Frl. Kallina.
Katharina Binder, Frau eines Strumpfwirkers	—			Frl. Walbeck.
Lina, ihre 9jährige Tochter	—	—	—	Camilla Gerzhofer.
Fritz Lobheimer, } junge Leute	—	—	—	Hr. Kutschera.
Theodor Kaiser, }	—	—	—	Hr. Zeska.
Ein Herr	—	—	—	Hr. Mitterwurzer.
Ein Diener	—	—	—	Hr. Slanar.

Ort der Handlung: Wien. — Zeit: Die Gegenwart.

Zwischen dem ersten und zweiten Stück größere Pause.

Der freie Eintritt ist heute ohne Ausnahme aufgehoben.

Kassa-Eröffnung 6 Uhr. Anfang 7 Uhr. Ende vor halb 10 Uhr.

Die Uraufführung von „Liebelei" machte ihren Autor fast über Nacht berühmt. Schnitzler wurde in der Folge zum meistgespielten modernen Dramatiker im Wien des Fin de Siècle.

Traum wohl jedes Dramen schreibenden Jünglings im alten Österreich.

1895, unter der Direktion von Max Burckhard, der die „Burg" dem zeitgenössischen Theater öffnete, erlebte Schnitzler endlich mit *Liebelei* die erste Aufführung eines seiner Werke am Burgtheater. Sie war zugleich sein erster großer Erfolg, wenngleich das Stück von vielen als sittenwidrig empfunden wurde. *Wundere mich überhaupt, daß man solche Stücke im Burgtheater aufführt*, meinte Kaiser Franz Joseph dazu. *Ausgerechnet* im Burgtheater, heißt das: denn das war eben nicht irgendein Theater, sondern das k. k. Hofburgtheater; und bis 1888 hatte es im Zentrum der Macht gestanden – auf dem Michaelerplatz vor der Alten Hofburg. Die Abwanderung an die Ringstraße hat (verspätete) symbolische Qualität; denn die Kunst war tatsächlich schon längst zur Domäne des Bürgertums geworden. K. k. Hofburgtheater blieb das Burgtheater freilich weiterhin und damit ein Ort der Repräsentation und Selbstdarstellung, der damals noch ebenso prestigeträchtig – und teuer – war wie die Hofoper. 1904 träumt Schnitzler: *Ich fliege nackt über die Ringstraße, in der Gegend des Burgtheaters – sehr peinlich …* – und sehr bezeichnend, nämlich im Hinblick auf die Bedeutung dieser beiden Orte. Innerhalb des kunstbegeisterten Bürgertums, dem

Schnitzler entstammte, war das Burgtheater ebenso wie die Ringstraße Synonym für Öffentlichkeit.

Dass dieses Theater neben den Kindheits- und Jugendwohnungen der häufigste Schauplatz in den Träumen des Dichters ist, macht es deutlich: Es gab in Wien keinen anderen Ort, der so sehr beständige Heimat für Schnitzler war. Es beginnt mit den ersten Theatererlebnissen im schmalen Saal des alten Baus, in dessen intimer Atmosphäre der einzigartige „Burgtheaterstil" geboren worden ist. ... *ergriff mich zu Thränen ... Vielleicht auch Jugend-Burg-Erinnerungen*, heißt es im Tagebuch 1918 über eine Generalprobe des *Götz von Berlichingen*. Und 1931, wenige Monate vor Schnitzlers Tod, nach der ersten Probe für die Uraufführung des Dramas *Der Gang zum Weiher*, das ihn so viel Zeit und Mühsal gekostet hat: *Erlebt man das also wieder. – Es ist der alte Zauber. ... gute Atmosphäre wie doch nur in diesem Haus.*

Zehn Werke des Autors erlebten im Burgtheater ihre Uraufführung; Schnitzler schrieb seine Dramen aber nicht nur für dieses Theater, sondern auch für dessen Schauspieler. *Von keinem andern Theater der Welt zu leisten*, meinte er über eine Vorstellung seines Stücks *Der junge Medardus*. Große Persönlichkeiten der „Burg" wie etwa Josef Kainz beeinflussten Schnitzlers Rollenkonzeptionen, und manche Schauspieler, etwa Hedwig Bleibtreu, begleiteten seine Theaterkarriere durch Jahrzehnte.

DEUTSCHES VOLKSTHEATER
(7., MUSEUMSSTRASSE 2A)

Märchen hieß Schnitzlers erstes abendfüllendes Stück, das 1893 im gerade erst vier Jahre alten, damals noch „Deutschen" Volkstheater seine Premiere hatte. Adele Sandrock war der Star des neuen Theaters, bevor sie 1895 ans Burgtheater wechselte. Sie spielte in dem Drama um den Schriftsteller Fedor Denner, der nicht vergessen kann, dass er für seine Geliebte nicht der erste Liebhaber gewesen ist, die weibliche Hauptrolle. Ihr Erfolg war überwältigend, ganz im Gegensatz zu dem des Stücks, das bereits nach zwei Aufführungen vom Spielplan gesetzt wurde. Erfolg hatte sie auch beim jungen Autor, mit dem sie daraufhin ein zweijähriges, kaum jemals ruhiges und nicht besonders glückliches Verhältnis hatte. Besser als diese Beziehung war in späteren Jahren jene Schnitzlers zum Volkstheater, das außer einigen Erstaufführungen noch vier weitere Uraufführungen seiner Werke brachte: Die unverkennbar satirische Darstellung des Adels in *Komtesse Mizzi* etwa wäre 1909 im k. k. Hofburgtheater nicht denkbar gewesen. Das Volkstheater ist aber auch mit zwei äußerst unschönen Ereignissen in der Laufbahn des Dramatikers verbunden: 1912, im Jahr von Schnitzlers 50. Geburtstag, sollte hier sein neues Stück *Professor Bernhardi* seine Uraufführung erleben. Die Zensur aber entschied dagegen; sie sah in der ernsten Komödie um einen Arzt, der einen Priester daran hindert, an einer Sterbenden, die sich geheilt glaubt, die letzte Ölung vorzunehmen, eine *tendenziöse und entstellende Schilderung hierzuländischer öffentlicher Verhältnisse*. Noch einmal bekam das Volkstheater den (nicht zuletzt politisch motivierten) Widerstand gegen die Aufführung eines SchnitzlerWerkes zu spüren – diesmal aber auf eine weit aggressivere Weise: Eine entfesselte Menge stürmte bei einer Vorstellung des *Reigen* 1921 das Theater, tobte, warf Stinkbomben, riss Sitze aus. Schnitzler selbst war zugegen und hielt das Erlebte im Tagebuch fest:

Bildnis Adele Sandrocks mit Widmung an Schnitzler (1893).

Leute aus dem Zuschauerraum, ein paar hundert sind eingedrungen, – attakieren die Besucher; Publikum flieht, wird insultiert; – – ich auf die Bühne, ungeheure Erregung, eiserner Vorhang vor, Spritzen in Thätigkeit, Publikum flieht auf die Bühne ... das Gesindel tobt, schmeißt Sachen an den Vorhang, will die Thüren einbrechen; – Wasser fließt in die Garderoben ... sonderbare Empfindung von Traumhaftigkeit ... (16. 2. 1921)

Schnitzler hat seit den neunziger Jahren die zunehmende Bedrohung der Welt seiner Kindheit durch Antisemitismus und zunehmend auch Nationalismus miterlebt. Doch dieser Skandal

Karikatur zum „Reigen"-Skandal in der illustrierten Wiener Wochenzeitung „Die Muskete".

– den er selbst den *ziemlich ... größten der Theatergeschichte* nennt, muss für ihn besonders schockierend gewesen sein; denn es war das erste Mal, dass die politischen und gesellschaftlichen Wirren die Institution Theater erfassten, die selbst in Kriegszeiten unangetastet geblieben war.

BICYCLE-TOUREN

*Das Radfahren gehört zu Schnitzlers größten Leidenschaften in den
neunziger Jahren. Ferrotypie um 1894.*

O Fortuna, warum jagst du auf deinem Vélocipède so rasch vorü-
ber, klagte der Feuilletonist Daniel Spitzer Ende der achtziger
Jahre des 19. Jahrhunderts und schmunzelte wohl ein wenig,
während er sich die ehrwürdige antike Dame auf dem topmo-
dernen „Schnellfüßler" vorstellte. Eineinviertel Jahrhunderte
später schmunzelt man freilich aus anderen Gründen.

Das Wien des Fin de Siècle denkt man sich als das Wien der
Fiaker und Einspänner, der Pferdetramways und Stellwagen;
aber der Vélocipèdes, der Bicycles? Allerdings: das Radfahren
war zu jener Zeit kein Stadt-, sondern hauptsächlich ein Land-
sport. Die ihn betrieben, kamen aber sehr wohl aus der Stadt –

und zwar in Mengen: 1899 etwa gab es in Wien sage und schreibe zweihunderteinundsiebzig Radfahrer-Klubs!

Zwei dieser Vereinigungen gehörte in den neunziger Jahren kurzzeitig auch Arthur Schnitzler an. Offenbar waren also nicht alle „judenrein" wie der Sechshauser Radfahrklub im Roman *Der Weg ins Freie*, dessen uniformierte Mitglieder mit „All Heil" grüßen und *Der Gott, der Eisen wachsen ließ, der wollte keine Knechte* singen. Am 13. Juni 1893 hat der über Dreißigjährige seine erste *Bicycle-Lektion*, sechs Wochen später absolviert er die *Bicycle-Prüfung*; und diesen ganzen Sommer lang bis in den Herbst hinein ist das Radfahren rund um Wien oder auch auf größeren Touren seine Hauptbeschäftigung. Apropos „Bicycle": Der junge Schnitzler verwendete, wie seine Tagebücher zeigen, die englische (und auch so ausgesprochene) Bezeichnung, die (laut einer Erörterung in *Der Bicyclist*, der Zeitschrift des vornehmen *Wiener Bicycle-Klub*, von 1895) weniger eingebürgert war als die Begriffe „Fahrrad" und „Velociped". Eine Portion großbürgerlicher Snobismus dürfte hier wohl mit im Spiel gewesen sein – das Englische war eben damals schon „fashionabel".

Ausgesprochen kurios mutet alles an, was man, ganz im Bann heutiger Begriffsbedeutungen und Gewohnheiten, von Schnitzlers Lieblingssport zu hören bekommt: Da gibt es etwa bis ins kleinste Detail ausgearbeitete *Dreß-Ordnungen*, für die so genannte *Touren*- wie für die *Galadreß* – Letztere beinhaltet unter anderem *Manchetten, weiße Cravate oder Masche und Lackhalbschuhe*. Eine eigene *Bicycle-Peitsche* weist darauf hin, dass das Radfahren damals keine ungefährliche Sache war. Die Pioniere des neuen Verkehrsmittels mussten sich nämlich der eingefleischten Auto-, pardon, Wagenfahrer und Fußgänger erwehren, und seiner kleinen Peitsche (ein Geburtstagsgeschenk von „Dilly", der Schauspielerin Adele Sandrock) verdankt Schnitzler vielleicht das „beinah" in einer Tagebucheintragung: *Bic. Wien – Mödling – Heiligenkreuz – Baden Wien. Von Fleischhauern beinah geprügelt.*

Wer sich den jungen Schnitzler nun auf einem dieser heutzutage so malerisch wirkenden Hochräder vorstellt, muss sich enttäuschen lassen. Bereits seit dem Ende der achtziger Jahre hatte der Aspekt der Verkehrssicherheit dem Niederrad zum Sieg verholfen – und das entsprach mit dem Prinzip des Hinterradantriebs, der gleich großen Räder und der Tretkurbelanordnung im Wesentlichen unseren modernen „Drahteseln". Mag es aber auch ähnlich ausgesehen haben: Mit der heutigen Praxis und Bedeutung des Radfahrens hat das Radfahren im Wien des Fin de Siècle wenig zu tun. Dieser Modesport für junge Menschen aus so genanntem gutem (i.e. wohlhabendem) Hause muss Schnitzlers Generation ein ganz neues Gefühl der Freiheit, Beweglichkeit und Beschleunigung vermittelt haben – und nur so ist es auch verständlich, dass das Radfahren Schnitzlers Zuflucht in einer der unglücklichsten Zeiten seines Lebens war: Die Schauspielerin Mizi Glümer, die er leidenschaftlich liebte, hatte ihn im Frühjahr 1893 betrogen, kurz darauf war sein Vater gestorben. Den *Strohhalm, mit dem ich mich an die Lebensfreude klammere,* nennt Schnitzler das Bicycle in einem Brief an Theodor Herzl vom Sommer dieses Jahres – und er klammert sich wirklich beharrlich daran: Nach einem zweiwöchigen Aufenthalt in Ischl, auf den ihn sein Bicycle begleitet, radelt er alle paar Tage in der ländlichen Umgebung Wiens – alleine, mit Freunden wie Gustav Schwarzkopf, Hugo von Hofmannsthal und Felix Salten oder auch mit seinen Bicycle-Klub-Kollegen.

Von eigens gebauten Radwegen konnte damals noch nicht die Rede sein. Es gab zwar Versuche dazu, aber die schnell festgefahrenen Sandpfade wurden jedes Mal bald von neidischen Fußgängern, Reitern und sogar Wagenfahrern okkupiert. Die Stadt selbst aber war für Radfahrer ein unbequemes Pflaster – und zwar im wahrsten Sinn des Wortes, gab es doch damals nur das holprige Kopfsteinpflaster. Umso verzeihlicher ist es, dass man sich gerne den Weg aus der oder in die Stadt erparte, indem man sich kurzerhand in einen Fiaker und das Rad auf den Kutschbock setzte – oder auch, wie heutzutage, in den Zug.

Schnitzler „erfuhr" sich bei seinen Ausflügen das Wiener Becken westlich der Donau und die Ausläufer des Wienerwaldes. Drei Orte im Süden Wiens, die er auf diese Weise kennen lernte, sollten in den darauf folgenden Jahren eine wichtige Rolle in seinem Leben spielen: Hinterbrühl, Mauer und Rodaun.

RODAUN UND MAUER (HEUTE 23.)

Wenn man in jenen Jahren von der Umgebung Wiens sprach, meinte man gar nicht so viel anderes als heute – zumindest seit

„ ... wenn ich nicht irre, bin ich in dem Haus nicht gewesen, seit der Krieg angefangen hat. ‚Einer von uns wird es bedauern‘, hat Hugo so oft gesagt." (Brief an Olga vom 20. 7. 1929, fünf Tage nach Hofmannsthals Tod) – Hugo von Hofmannsthal und sein „Fuchsschlössel" in Rodaun.

1890. In diesem Jahr der zweiten großen Stadterweiterung nämlich hatte man begonnen, die Vororte einzugemeinden, womit zu den bisherigen zehn Bezirken noch neun hinzugefügt wurden. Die Grenze des neuen Wien, im Volksmund „Groß-Wien" genannt (ein Begriff, der 1938 eine traurige Wiedergeburt erfahren sollte), entsprach im Westen bereits ziemlich der heutigen Stadtgrenze; im Süden etwa kamen allerdings 1938 noch einige bisher selbstständige Ortsgemeinden zu Wien – darunter Rodaun und Mauer, die Schnitzler auf seinen Radtouren vertraut wurden. Außer den Sommerfrischlern kamen viele Ausflügler hierher, und zwar mit der Dampftramway, die von Hietzing über Mauer und Rodaun nach Mödling führte. Mauer mit seinen vielen alten Häusern gewann für Schnitzler in der Folge eine sehr traurige Bedeutung: Marie Reinhard brachte hier am 24. September 1897 ein totes Kind zur Welt. Zwischen Mauer und Rodaun, in einem alten kaiserlichen Jagdschlösschen gegenüber dem Lainzer Tiergarten, hat Schnitzler auch seine Komödie *Komtesse Mizzi oder Der Familientag* angesiedelt.

In Rodaun, das am Austritt des Liesingbachs aus dem Wienerwald ins Wiener Becken liegt, wohnte von 1901 bis 1906 einer von Schnitzlers liebsten Freunden, Richard Beer-Hofmann. Ungefähr um dieselbe Zeit wie Beer-Hofmann zog Hugo von Hofmannsthal nach Rodaun, in das so genannte „Fuchsschlössel", das er bis zu seinem Tod bewohnte. Schnitzler besuchte die beiden vor allem während des Jahres 1902 sehr häufig. In einem Nachbarort nämlich wartete zu dieser Zeit wieder eine Geliebte des Dichters auf ihre Entbindung: diesmal aber nicht Marie Reinhard, die 1899 gestorben war, sondern Olga Gussmann – Schnitzlers spätere Frau.

DIE BRÜHL

... Fürstenweg; wieder sehr entzückt von der guten alten Brühl ...
(Tb. 16. 11. 1913)

Die „Brühl": das ist das Engtal des Mödlingbachs im südwestlichen Wienerwald mit seinen Orten Vorder- und Hinterbrühl, von dem Ferdinand Raimund sagte: *Die Brühl, so schön wie die Schweiz, g'hört mir bis nach Heiligenkreuz!* Bereits in der ersten Hälfte des 19. Jahrhunderts war das Tal eine beliebte (und nicht ganz ungefährliche) Ausflugsgegend – allerdings nur für jene wohlsituierten Wiener, die sich eine Kutschenfahrt leisten konnten. Seit 1885 aber führte eine elektrische Bahn von Mödling in die Hinterbrühl – die älteste elektrische Bahn mit Dauerbetrieb in Europa!
Die Brühl war auch das liebste Ausflugsziel des „Bicyclisten" Schnitzler. Seine häufigen Radpartien in diese Gegend dürfen allerdings sportlich nicht überbewertet werden. *Brühl ...*

Die wildromantische Brühl war seit Schuberts Zeiten ein bevorzugtes Ziel sonntäglicher Landpartien (Aufnahme um die Jahrhundertwende).

Rückweg von der Südbahn ..., heißt es etwa am 23. Juli 1893. Das
Rad mit dem Zug zu transportieren, war offenbar bereits damals nichts Ungewöhnliches.

Schnitzlers „Bicycle-Phase" war allerdings erst der Anfang seiner
Beziehung zur Brühl: Ein paar Jahre später führten ihn seine
Spaziergänge mit Olga Guss-
mann häufig hierher. Und
am 9. August 1902 schließlich wurde in Hinterbrühl
Schnitzlers Sohn Heinrich
geboren – sein erstes Kind
mit Olga, die er ein Jahr später heiratete.

*Olga Schnitzler, geb. Gussmann
(1904).*

Mit seiner Übersiedlung
nach Währing (1903) verla-
gerten sich Schnitzlers Spaziergänge in den Nordwes-
ten Wiens, und die Besuche in
der Brühl wurden immer seltener. Schon 1912 gehört der
Ort in das Reich der Erinnerung: *Mit Heini [dem in-
zwischen zehnjährigen Sohn
Heinrich] Brühl ... Zeigte ihm
den Garten, dann, von vorn,*
das Haus, in dem er geboren, jetzt Hinterbrühl Hauptstr. 94. (Tb.
28. 4. 1912) Die *gute alte Brühl* verdunkelt sich aber für Schnitzler mit dem Scheitern seiner Beziehung zu Olga. Wenige Monate vor der Scheidung der Ehe, am Todestag Marie Reinhards,
fährt Schnitzler nach Mödling, vorbei an Mauer, *mit Erinnerung*
an 97 (als Marie Reinhard hier die Geburt ihres Kindes erwartete), und geht dann noch in der Brühl spazieren: *Brühl;– nicht*
bis zu dem Haus, in dem Heini geboren ... Sonne, Vorfrühling –
Blick hinauf, Weg, wo ich October 9 mit O. [Olga] saß – bitterlich
geweint. (Tb. 18. 3. 1921)

SOPHIENALPE
(HEUTE 14.)

Schnitzlers Radausflüge haben auch in seinem Werk eine Spur
gezogen: und zwar im Roman *Der Weg ins Freie*, der in den Jah-

ren nach der Geburt des Sohnes Heinrich entstanden ist. Die
persönlichen Erlebnisse, die sich darin niedergeschlagen haben,
liegen ein Jahrzehnt zurück: die Liebe zu Mizi Glümer, der Tod
des Vaters, die Liebe zu Marie Reinhard, der Tod des neugebo-
renen Kindes ... – und die Leidenschaft für das Bicycle. Ebenso
wie damals der Autor radeln nun der Komponist Georg Wergenthin und der Schriftsteller Heinrich Bermann ins Grüne hinaus – wohin?

*Georg und Heinrich saßen von ihren Rädern ab. Die letzten Villen
lagen hinter ihnen, und die breite Straße, allmählich ansteigend,
führte in den Wald ... Die Straße stieg höher an, an einem statt-
lichen Wirtshausgar-
ten vorbei, zu dem
steinerne Stufen hin-
aufführten. Nur we-
nige Leute saßen im
Freien, die meisten in
der Glasveranda ...
Eine mattgezogene
Berglinie erschien in
der Ferne und ver-
schwand wieder, als
die Straße durch
dichtern Waldstand
in die Höhe führte.
Laub- und Nadelholz
wuchsen friedlich ne-
beneinander ... Wan-
derer zeigten sich ...,
zuweilen, in beglück-
ter Schnelle, sausten
Radfahrer die Straße
hinab ...*

Die Beschreibung
bleibt auch im Fol-
genden vage: Ein
schmaler, *ziemlich
holpriger Seitenweg
zwischen Wiese und
Wald* führt die Aus-

*Ein neues Gefühl der Freiheit und Beweglich-
keit: Jugendliche Radfahrer um 1900.*

flügler zu einem *unerbaulich kahlen, zweistöckigen* Wirtshaus.
Endlich dann ein Ortsname: Zu Füßen der Höhe, auf der sich
das Wirtshaus befindet, *ruhten die Landhäuser von Neuwaldegg.*
Wer freilich Schnitzlers Tagebücher genau gelesen hat, könnte

auch ohne diesen Hinweis wissen, wo sich der Autor den Ausflug seiner beiden Radfahrer gedacht hat: *Früh Rad Sophienalpe, Steinriegl – Weidling Bach – vor Sievring Pneumatic hin,* heißt es am 16. Oktober 1904. Und weiter: *Die Partie nicht ohne Rücksicht auf das Sophienalpenkapitel im Roman.*

Also die Sophienalpe: eine Anhöhe westlich von Wien und eines der beliebtesten Ausflugsziele Schnitzlers – allerdings nicht so sehr in den neunziger Jahren, als vielmehr seit seiner Heirat und der anschließenden Übersiedlung nach Währing. Was hier zu beobachten ist, gilt für große Teile des Romans: Schnitzler hat darin alte Erlebnisse in einen neuen Raum gestellt, nämlich in die Umgebung seines nunmehrigen Wohnortes. Die erkundete er allerdings weniger auf Radtouren als auf Spaziergängen und Wanderungen. 1907 findet sich im Tagebuch nach einem Radausflug die resignierte Bemerkung: *Das Radfahren ist aber wohl auch ein ziemlich ausgeträumter Traum.* Drei Jahre später schreibt er an Hugo von Hofmannsthal, der ihn oft auf seinen Bicycle-Fahrten begleitet hat: *... denken Sie, mein Rad hab ich – verschenkt.*

Die Sophienalpe war im Wien der Monarchie nicht nur wegen ihres schönen Blicks auf die Stadt beliebt, sondern auch wegen des auf ihr befindlichen großen Restaurants mit Meiereibetrieb.

SOUPIEREN

*Alt-Wiener Gastronomie: Küche im „Stefanskeller", der zu den
bevorzugten Innenstadt-Restaurants des jungen Schnitzler zählte
(90er-Jahre 19. Jh.).*

Einige wichtige Lokale in Schnitzlers Leben sind bereits genannt
worden, so etwa das Vorstadtwirtshaus „Zur Glocke", das der
junge Arzt mit Mizi Glümer gern besuchte, oder der Waldsteingarten im Prater, der in den Roman *Der Weg ins Freie* Eingang
gefunden hat. Die meisten von Schnitzler frequentierten Gaststätten lagen aber im Zentrum der Stadt oder zumindest am
Rand davon und zählten allesamt zu den feineren bis feinsten
Restaurants Wiens. Schnitzler gehörte als junger Mann zu den
wenigen Glücklichen, die ein von finanziellen Zwängen fast
gänzlich unberührtes Leben führen durften. Das galt auch für
die Mehrzahl seiner Freunde, etwa für Hugo von Hofmannsthal
und Richard Beer-Hofmann. Felix Salten, der Autor von *Bambi*
und vermutlich auch *Josefine Mutzenbacher* (die Lebensgeschichte einer Wiener Dirne wurde übrigens nach ihrem Erscheinen
zunächst Schnitzler zugeschrieben), war der Einzige in der
„Griensteidl-Clique", der schon in jungen Jahren vom Schreiben
leben musste.
Aber selbst als Sohn eines reichen Arztes gelang es Schnitzler
immer wieder, über die Stränge zu schlagen. Damals überließ er

die finanziellen Sorgen aber noch getrost seinen Eltern. Er selbst machte mit ihnen erst als freier Schriftsteller Bekanntschaft. Auch da ging es freilich nie darum, genug zum Leben, sondern genug zu einem „standesgemäßen" Leben zu haben. Und zu einem solchen gehörten gelegentliche Soupers im Imperial oder Sacher einfach dazu – ob Geldsorgen oder nicht.

RIEDHOF
(8., WICKENBURGGASSE 15)

Ein Cabinet particulier im Riedhof. Behagliche, mäßige Eleganz. Der Gasofen brennt.

Das ist der Schauplatz, auf dem sich die sechste Szene von Schnitzlers *Reigen* abspielt: jene zwischen dem Gatten und dem süßen Mädel. Dass der Gatte für sein Tête-à-Tête mit dem Mädchen, das er in der Singerstraße erspäht und, nach heimlicher

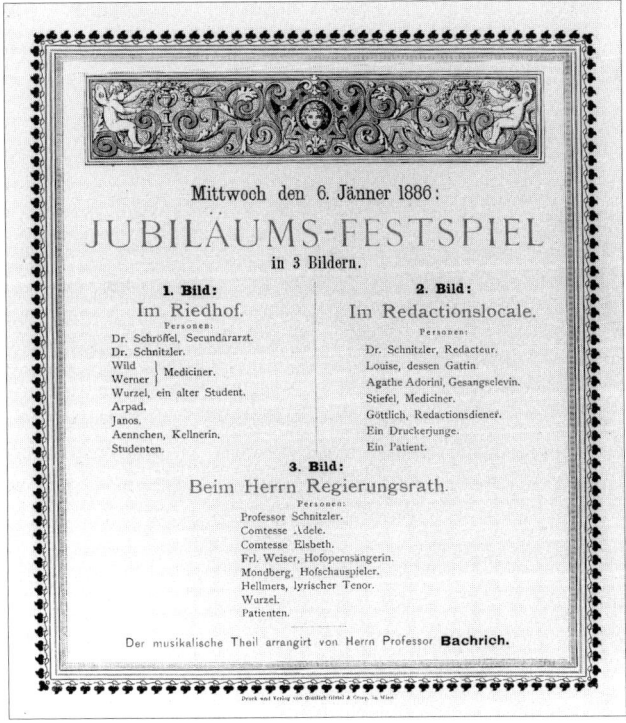

Programmzettel für das „Jubiläums-Festspiel", das Schnitzler als junger Mediziner anlässlich des 25. Promotionsjubiläums seines Vaters schrieb und aufführte.

Verfolgung, angesprochen hat, nicht zum Beispiel, wie Anatol im Einakter *Abschiedssouper*, ein Chambre séparée im Sacher auswählt, sondern das „Vorstadt-Sacher", wie der Riedhof auch genannt wurde, könnte einige Gründe haben: etwa dass ein Mädel aus der Vorstadt anspruchsloser ist als Anatols kapriziöse Tänzerin; oder dass der erste Bezirk ein zu helles Pflaster für einen Ehemann auf Abwegen darstellt; oder auch, dass sich das Mädchen gerade auf dem Weg nach Hause in die Vorstadt befindet – etwa in die Josefstadt. An deren nördlichem Rand, der bis zur Bezirksbildung 1862 noch zur Vorstadt Alsergrund, dem „lateinischen Viertel" Wiens gehört hatte, befand sich der Riedhof: in einer Seitenstraße der unteren Alserstraße hinter dem Criminalgericht, dem heutigen Landesgericht. Intellektuelle und Studenten frequentierten das Lokal – vor allem die Mediziner der Universität und der nahe gelegenen Kliniken: des Allgemeinen Krankenhauses, der Poliklinik und des Garnisonsspitals.

Kein Wunder, dass der Riedhof, der in der zweiten Hälfte des 19. Jahrhunderts zu den vornehmsten Restaurants der Stadt gehörte, das Stammlokal des jungen Schnitzler war. Hier wurde eine Zeit lang täglich mit Freunden zu Mittag gegessen und Billard gespielt. 1886 ließ Schnitzler den ersten Teil eines kleinen Feststückes zu Ehren seines Vaters im mit Doktoren und Studentenfreunden bevölkerten Riedhof spielen. Aber auch in seinen bekannteren Werken finden sich einige Riedhof-Stammgäste: Professor Bernhardi im gleichnamigen Drama und der Arzt Fridolin in der *Traumnovelle*, aber auch Leutnant Wilhelm Kasda, Protagonist der Novelle *Spiel im Morgengrauen*, der in der nahe gelegenen Alserkaserne seinen Dienst versieht.

Einen der illustren Stammgäste des Riedhof hat Schnitzler nicht mehr angetroffen: In den siebziger Jahren des 19. Jahrhunderts ging Anton Bruckner, der damals in der Währingerstraße wohnte, hier ein und aus – weniger wegen des Essens allerdings, so erzählt man sich, sondern aus Freude an gruseligen Spitalsgeschichten.

LEIDINGER

(1., KÄRNTNERSTRASSE 67)

Vor vielen Wochen schon, vielleicht im Oktober, gabs einen famosen Spass bei Leidinger. Wir arrangirten es ... daß Valeska [die Freundin von Louis] mit einem Fiakerkutscher, den Louis für einen Cavalier hielt, in einem Chambre séparée sass, daß dann Valeska zu uns ins Chambre kam, der Fiaker scheinbar wüthend nachstürzte, bis sich alles aufklärte. Die Sache war sehr fein arrangiert, und gelang – zum Todtlachen. (Tb. 1. 2. 1886)

Wie man sieht, dienten die Chambres séparées, mit denen im Wien der Jahrhundertwende fast jedes bessere Restaurant aufwarten konnte, nicht ausschließlich dem *süßen tête à tête*, wie es etwa im berühmten Lied *Geh'n wir in's chambre séparée* aus Friedrich Heubergers Operette *Der Opernball* besungen wird. Sie waren auch ein Ort, wo man ungezwungene und ungestörte Geselligkeit pflegen konnte, ohne auf vornehmes Ambiente verzichten zu müssen. Louis Friedmann, den man hier eifersüchtig zu machen versucht, war einer der lebenslustigen Gefährten des bereits promovierten, aber dem „Ernst des Lebens" deswegen nicht unbedingt geneigteren jungen Schnitzler. Der Streich, von dem hier die Rede ist, bleibt auch in der Autobiografie *Jugend in Wien* nicht unerwähnt. *Unser bevorzugtes Gasthaus* nennt Schnitzler das in der Kärntnerstraße gelegene Restaurant Leidinger in diesem Zusammenhang. Offenbar war es ein Modelokal für junge Leute, denn auch Leutnant Gustl will zum Leidinger nachtmahlen gehen, bevor ihm der Bäcker seine Ehre und damit auch den Appetit stiehlt.

SACHER
(1., AUGUSTINERSTRASSE 4,
HEUTE PHILHARMONIKERSTRASSE 4)

Noch zum Sacher, heißt es, ins Séparée, ein bissel Klavierspielen und tanzen. Gut also, zum Sacher ... wir finden den kleinen Salon frei ... es wird Champagner und Cognac gebracht; der Weidenthaler setzt sich zum Klavier, spielt einen Walzer, Fritz wünscht dringend, ich möchte mit Mizi tanzen, Bruderschaft tanzen ... Malkowskys edle Dame empfindet Übelkeiten, liegt auf dem Kanapee, Weidenthaler knöpfelt die Taille auf, und allgemein wird ihr rosa Mieder bewundert ... Fellner macht großartige Pirouetten, ... Fritz ... schlägt nur noch zeitweise die Augen auf, Weidenthaler haut blödsinnig auf die Tasten los; ein besorgter Kellner erscheint an der Türe.

So endet in Schnitzlers Erzählung *Die kleine Komödie* ein typischer Tag im Leben eines jungen Mannes der High Society: Vom Derby geht's in den Wurstelprater, von dort auf den Konstantinhügel, im Fiaker durch die dunkle Praterallee zum Lusthaus und zum Abschluss ins Sacher – jenes Hotel, das zu Schnitzlers Zeiten bereits ebenso legendär war wie heute und k. u. k. Assoziationen weckt wie sonst nur das Imperial. Was vielleicht nicht so bekannt ist: Eduard Sacher, der Gründer des Hotels, führte in Wien 1866 als Erster jene Pariser Chambres séparées ein, die für das Wiener Liebesleben so unverzichtbar wurden. Sein erstes Lokal gründete Sacher im Palais Tedesco gegenüber der eben im Bau befindlichen Hofoper. Zehn Jahre später, 1876, kaufte er das auf dem Gelände des ehemaligen Kärntnertortheaters erbaute Haus Augustinerstraße 4 (heute Philharmonikerstraße) und eröffnete darin „Sacher's Hôtel de l'Opéra". Wo einst der kleine Arthur seine ersten Opernerlebnisse gesammelt hatte, wohnte und speiste jetzt der Adel der Donaumonarchie. Sachers Séparées wurden von fast allen Erzherzögen des Kaiserhauses in Anspruch genommen, und auch Kronprinz Rudolf ging hier ein und aus. Nur der alte Kaiser hat das Sacher niemals betreten.

In den achtziger Jahren des 19. Jahrhunderts begann die Glanzzeit des Sacher, und in eben dieser Zeit begann der junge Schnitzler das prätentiöse Hotel zu frequentieren, wo das reiche Wiener Bürgertum sich schmeicheln durfte, Tisch an Tisch mit dem Hochadel zu speisen. Der Name des Imperial findet sich in Schnitzlers Tagebüchern zwar um einiges häufiger, aber auch im Sacher hat Schnitzler gerne soupiert; und zwar keineswegs nur im Séparée, sondern auch, später vor allem im offenen Restaurant – etwa nach einem Opern- oder Theaterbesuch oder mit ausländischen Gästen.

IMPERIAL
(1., KÄRNTNER RING 16)

Brand, Ringstraße, – fliegendes Dach des Hotel Imperial ...
(Tb. 7. 8. 1914)

So träumt Schnitzler am Tag nach der Kriegserklärung Österreich-Ungarns an Russland; fünf Tage ist es her, seit Deutschland mit der Besetzung Luxemburgs die Kampfhandlungen eröffnet hat, die nicht nur zum bisher größten Krieg in der Weltgeschichte, sondern auch zum Untergang der österreichisch-ungarischen Monarchie führen werden. Dass in Schnitzlers Traum gerade das Hotel Imperial vorkommt, mag wohl damit zu tun haben, dass dieses ebenso wie die Ringstraße, an der es steht, bereits damals ein Symbol für jene Kultur war, die mit dem Krieg ihr Ende finden sollte.

Das Imperial wurde aus der Notwendigkeit geboren, den Besuchern der Weltausstellung 1873 repräsentative Hotels zu bieten. Das „k. u. k. Hofhotel", das gerade noch rechtzeitig eröffnet wurde, und zwar in einem ursprünglich als privates Ringstraßenpalais gedachten Haus, stand seit seinen Anfängen für höchste Eleganz. Hier stiegen (und steigen heute noch) die obersten Staatsmänner und „Prominenten" ab. Richard Wagner etwa, den Schnitzler sehr verehrte, bewohnte 1875 anlässlich der Premiere des *Tannhäusers* im Imperial eine Flucht von sieben Zimmern. Kein Wunder also, dass auch der Komponist Georg Wergenthin in *Der Weg ins Freie,* als er – beruflich in Detmold verpflichtet – zum ersten Mal als „Fremder" nach Wien kommt (wo er eine *Tristan*-Aufführung besucht), im Imperial absteigt. Ebenfalls nobel war das zugehörige Café Imperial, das nach dem Café Central und dem Café Parsifal die dritte und letzte „Residenz" von Schnitzlers großem Gegner Karl Kraus war; wohl auch deswegen war es kein Anziehungspunkt für den Dichter, der hauptsächlich das Restaurant besuchte – unter anderem mit ausländischen Schriftstellerkollegen wie Heinrich oder Thomas Mann.

MEISSL & SCHADN
(1., NEUER MARKT 2)

Das Hotel Meißl & Schadn wurde 1896 am Neuen Markt errichtet, anstelle jenes Hauses, in dem 1792 bis 1797 Joseph Haydn wohnte und die Kaiserhymne *Gott erhalte* schrieb. An derselben Stelle ist heute in einem Nachkriegsneubau das Hotel Europa untergebracht. In den 42 Jahren seines Bestehens wurde das Meißl & Schadn zu einem der bekanntesten Hotels der Monarchie – einem Hotel *der vornehmen Bürgerlichkeit, der Gutsbesitzer, der lautlosen Gesellschaft, die niemand sehen und auch nicht gesehen werden will* (Ludwig Hirschfeld). Gerhart Hauptmann etwa, den Schnitzler (wenn auch nicht ohne gewissen Zwiespalt), als einzigen großen zeitgenössischen Dramatiker bewunderte, stieg stets im „Meißl" ab.

Das Restaurant, das als *Mekka der Rindfleischesser* (Friedrich

Die Mannschaft des Meißl & Schadn präsentiert sich vor dem Hoteleingang am Neuen Markt (Aufnahme vor dem Ersten Weltkrieg).

Torberg) berühmt war und darüber hinaus auch mit moderaten Preisen punktete, war vor allem in späterer Zeit eines der wichtigsten Stammlokale Schnitzlers. Die Wiener saßen allerdings nicht zwischen den roten Seidentapeten im ersten Stock, sondern unten in der so genannten „Schwemm". Hier speiste man unter den ersten Beamten der Monarchie, reichen Anwälten und Industriellen oder auch Angehörigen der „3-er Dragoner", des nobelsten Wiener Regiments. Und auch Rothschild kam gerne hierher, um seinen Mocca zu trinken. Noch in den zwanziger Jahren besuchte Schnitzler regelmäßig mit Clara Pollaczek das Restaurant, das inzwischen unselige Geschichte gemacht hatte: Der Sozialdemokrat Friedrich Adler, Sohn von Victor Adler, hatte hier 1916 den österreichischen Ministerpräsidenten Karl Graf Stürgkh erschossen.

ALT-PILSENETZER BIERHALLE
(9., WÄHRINGERSTRASSE 1)

Pilsner Bier ist das eigentlich einzige Alkohol-Getränk, das absolut für viele Leidende eine Medizin, ein Diätetikum, eine Rekonvaleszenz, eine Erlösung, ein Heil erster Ordnung bedeutet!
(Peter Altenberg, Extrakte des Lebens)

Lange Zeit hatte das Bier einen schweren Stand im weinseligen Wien, weniger weil die Wiener, sondern weil die Wiener Weinbauer es nicht gerne sahen. Im 19. Jahrhundert florierten aber schließlich nicht nur die Brauhäuser, sondern, damit verbunden, auch die beliebten Stehbierhallen, deren es 1879 in Wien schon ganze 75 gab. Damals hatte auch schon das westböhmische Pilsner die k. u. k. Hauptstadt erobert, das sich in jener Zeit eines besonderen Rufs erfreute. Wer diesem stark gehopften Gebräu mit seinem typischen Goldton gerecht werden will, liest am besten bei Peter Altenberg nach. Da erfährt man, dass ein Gastwirt, der das Pilsner Bier um das Doppelte des Einkaufspreises verkauft – mit der Entschuldigung, es handle sich eben um ein *Luxus-Getränk* –, nicht weniger als zehn Jahre Zuchthaus verdient. Oder von einem rabiat gewordenen Gast, der dem Dichter das Pilsner wegtrinkt, weil dieser in seinem Stammlokal als Einziger trotz kriegsbedingter Rationierung zwei Flaschen statt einer bekommt.

Böhmisches Bier und Kellnerinnen in böhmischer Tracht verspricht die Alt-Pilsenetzer Bierhalle auf ihrer Werbepostkarte.

Für die Beliebtheit vor allem des Alt-Pilsenetzer spricht, dass es um die Jahrhundertwende in Wien ganze vier „Alt-Pilsenetzer Bierhallen" gab. Längst war der Trend von den alten, verrauchten Stuben, in denen sich's so gut „sumpfen" ließ, zu den feinen „Biertempeln" übergegangen, denen der scharfzüngige Feuilletonist Daniel Spitzer durchaus ästhetische Qualitäten zuspricht: *Es herrscht in den Bierhallen der Gegenwart bereits die peinlichste griechische Säulenordnung wie in unserm hellenischen Völkermuseum ...* Eines dieser eleganten Etablissements gehörte seit dem Krieg zu Schnitzlers Lieblingslokalen: die Alt-Pilsenetzer Bierhalle in der Währingerstraße 1, die 1889 im Nebengebäude des

Das 1887 erbaute Hotel Regina auf dem ehemaligen Maximilianplatz neben der Votivkirche, daneben die Alt-Pilsenetzer Bierhalle.

heute noch bestehenden Hotel Regina eröffnet und um 1900 von den Besitzern des Hotels gekauft wurde. 1910 kam ein großer Speisesaal hinzu – und damit entsprach das Lokal offenbar Schnitzlers großbürgerlichen Ansprüchen, denn vor allem während des Ersten Weltkriegs war Schnitzler dort regelmäßig zu Gast – häufig mit Schriftstellerfreunden wie Beer-Hofmann oder Salten, aber auch Jakob Wassermann oder Stefan Zweig.

DIE URALTE STADT

*„Uraltes" Wien: Blick von der Peterskirche auf den Stephansdom
(Daguerrotypie aus der allerersten Zeit der Fotografie, um 1845).*

*Heute träumt ich, ich gehe mit einem Todtenkopf in der Hand
übern Stefansplatz ... Drüben, wo sonst das Kirchenamt, eine Art
mittelalterl. Alchymistenbude ... (Tb. 26. 9. 1894)
... Dann ein Gang hin und her etwa Stefanskirche, auch der Umkreis,
eine Art Friedhof, wie im Mittelalter spielt mit ... (Tb. 25. 12. 1913)*

Wer nachts auf dem von Menschen befreiten, schweigenden Ste-
phansplatz geht, der wird vielleicht für Augenblicke spüren, wie
der Dom, jener steinerne Greis, wieder Besitz von seiner Umge-

bung ergreift, in der er tagsüber, umbrandet von geschäftigen Wienern und ebenso geschäftigen Touristen, wie ein riesiger Fremdkörper wirkt. Ein Totenkopf, ein Friedhof: Schnitzlers Traumassoziationen sind bezeichnend. In einer Stadt wie Wien dauert das Alte, längst Vergangene inmitten des Neuen fort, es behauptet sich auf eine zuweilen gespenstisch anmutende Weise – gespenstisch wie alles, was vergangen ist und doch nicht vergangen, weil nicht vergessen.

Die Präsenz des Vergangenen im Gegenwärtigen beherrscht als Thema Schnitzlers gesamtes Werk. Kein Wunder also, dass in das Wien der Gründerzeit, das Schnitzlers Texte dominiert, zuweilen das „uralte" Wien hereinspielt.

„Uralt": Das ist ein Wort, das Schnitzler gerne und, wie es scheint, mit Bedacht verwendet: *Uralt* ist etwa die Baronin Vetsera, die Mutter Mary Vetseras, die Schnitzler noch nach dem Untergang der Monarchie, lange nach dem gemeinsamen Selbstmord von Kronprinz Rudolf mit ihrer Tochter, auf ihrem Fahrrad umhergeistern sieht. *Uralt* ist auch jenes Haus in einer der engen Straßen hinter dem Stephansdom, in dem Robert Wilram, der alte Onkel des Protagonisten Willhelm in der Erzählung *Spiel im Morgengrauen*, seine einsame, vom Leben beinahe gänzlich abgeschiedene Existenz führt. In den Relikten aus „Urzeiten" Wiener Stadtgeschichte leben Menschen, die selbst Relikte sind – lebende Denkmäler einer versunkenen Zeit. Auch in *Der Weg ins Freie* hat Schnitzler eine seiner Figuren in ein *uraltes* Haus einquartiert: den Dichter Eduard Nürnberger, der seit Jahrzehnten nichts mehr geschrieben hat, und von dem der Protagonist Georg Wergenthin sich gar nicht vorstellen kann, dass er einmal jung gewesen sein könnte. *Das Haus, in dem Nürnberger lebte, stand in einer engen, düstern Gasse, die aus der Innern Stadt treppenweise gegen die Donau zu führte; war uralt, schmal und hoch.* In der fünf Stockwerke hoch gelegenen Wohnung weist alles in die Vergangenheit: die alten Möbel, die Jugendbildnisse, alte Fotografien und ein Bild der verstorbenen Schwester.

DAS HAUS MIT DEN „STEINERNEN RIESEN"

Nicht allzu weit von Nürnbergers Haus und ebenfalls in der Altstadt steht ein anderes, das im Roman eine weit bedeutendere Rolle spielt. An dieses Haus muss Georg zuweilen denken, wenn er bei Nürnberger zu Besuch ist:

Georgs Blick schweifte manchmal hinaus über die enge Gasse zu dem grauen Mauerwerk uralter Häuser ... zum blaßblauen Himmel ragten Türme auf, und unerwartet nah, in lichtem Grau, mit durchbrochener Steinkuppel erschien einer, der Georg wohlbekannt war. Unwillkürlich suchte sein Blick die Richtung, wo er das Haus vermuten durfte, an dessen Eingang die zwei steinernen Riesen auf gewaltigen Armen das Adelswappen eines versunkenen Geschlechtes trugen, und in dem sein Kind gezeugt worden war, das in wenig Wochen zur Welt kommen sollte. (Der Weg ins Freie)

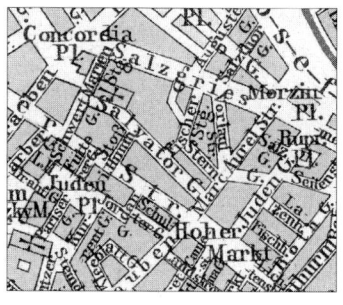

Die Umgebung von Salvatorgasse und Schwertgasse bei der Kirche Maria am Gestade. Plan von 1897.

Hier hat Georg einst ein Zimmer für seine Rendezvous mit Anna gemietet. Inzwischen erwartet Anna in einem ländlichen Vorort Wiens die Geburt des Kindes. Nur noch Erinnerung sind die gemeinsamen Stunden in dem alten Haus – etwa jener Abend, von dem an einer früheren Stelle des Romans die Rede ist:

Georg stand am Fenster. Gerade darunter wölbten sich die steinernen Rücken der bärtigen Riesen, die auf gewaltigen Armen das verwitterte Adelswappen eines längst versunkenen Geschlechtes trugen. Gegenüber, aus dem Dunkel uralter Häuser hervor, kam die Stiege geschlichen, bis vor das Tor der grauen Kirche, die im Flockenfall wie hinter einem wallenden Vorhang verdämmerte. Das Licht einer Straßenlaterne auf dem Platz schimmerte blaß durch den sinkenden Tag. Noch stiller an diesem Feiernachmittag als sonst ruhte unten die beschneite Straße, die mitten in der Stadt und doch abseits von allem Treiben hinzog. (Der Weg ins Freie)

Schnitzler hat sich hier offenbar von einem realen Ort inspirieren lassen: *Abd. mit Mz. Rh. [Mizi Reinhard] das erste Mal in der Salvatorgasse*, heißt es am 22. Oktober 1895 im Tagebuch. In dieser Gasse hatten der Dichter und Marie Reinhard (das Vorbild für Anna Rosner) ein Zimmer für ihre Zusammenkünfte. Die Salvatorgasse verläuft hinter einer der ältesten und zugleich schönsten Kirchen der Stadt – der um 1400 erbauten Kirche Maria am Gestade. Schräg gegenüber der Kirche aber steht in einer kurzen, dunklen Gasse, welche die Wipplingerstraße mit dem kleinen Kirchplatz, dem Passauer Platz, verbindet, das so genannte Schwerterhaus (Schwertgasse 3). Adalbert Stifter

Die Salvatorgasse um 1910 mit Blick auf die Rückseite
der Kirche Maria am Gestade. Hier hatten Schnitzler und
Marie Reinhard ihre Rendezvous.

wohnte 1831/32 in diesem Barockhaus, benannt nach seinem
Hauszeichen *Zu den sieben Schwertern*. Das gewaltige Portal
dürfte Schnitzler aufgefallen sein: Es wird von zwei Atlanten
flankiert; darüber thront eine Wappenkartusche mit Krone und
zwei Putten – das *Adelswappen eines längst versunkenen*
Geschlechtes. Auch heute noch liegt die mittelalterliche Marien-
kirche mit den umliegenden Gässchen *mitten in der Stadt und*
doch abseits von allem Treiben. Sieht man von den parkenden
Autos ab, so hat sich hier in den letzten hundert Jahren kaum
etwas verändert.

Der Dichter hat die Szenerie freilich nicht einfach übernommen, sondern in einigen Punkten abgewandelt. Eine dieser Änderungen in seiner Darstellung ist besonders signifikant: Das alte Wappen ruht in Schnitzlers Beschreibung direkt auf den Armen der beiden Riesen. Schnitzler hat damit aus einer realen Szenerie eine symbolische gemacht: Die Männergestalten, auf denen die Bürde des Gewesenen, des *längst Versunkenen* lastet, sind

ein Bild jener „Vergangenheitsschwere", welche die Gegenwart in Schnitzlers Romanen und das Erleben seiner Figuren charakterisiert. In ihnen erkennt sich Georg wieder – und mit ihm eine ganze Generation.

Ob in solcher Atmosphäre wohl neues Leben entstehen kann? Zumindest scheint es ein schlechtes Vorzeichen, dass Annas und Georgs Kind in diesem alten Haus eines versunkenen Adelsgeschlechtes gezeugt wird. Und wirklich: Das Kind wird – ebenso wie jenes von Schnitzler und Marie Reinhard – sterben, kaum dass es seinen ersten Atemzug getan hat.

Das Haus mit den „steinernen Riesen": Barockportal des so genannten Schwerterhauses in der Schwertgasse.

Wohnen in Währing

*Bild einer perfekten bürgerlichen Familie. Schnitzler mit Olga,
Heinrich und Lili, 1910 (Aufnahme aus dem Atelier d'Ora der
bekannten Wiener Fotografin Dora Kallmus).*

Im Sommer 1903 heiratete Arthur Schnitzler Olga Gussmann,
die Mutter seines einjährigen Sohnes Heinrich. Bereits einige
Monate davor hatte das Paar seine zukünftige Wohnung gefunden: in Währing, dem 18. Wiener Gemeindebezirk. Der Wech-
sel aus der Innenstadt an die Peripherie war nicht abrupt
gekommen; Olga wohnte bereits davor mit dem Säugling in
einer Wohnung in der Gentzgasse, im inneren Währing, und
die gemeinsamen Spaziergänge hatten Schnitzler mit dem
Nordwesten Wiens bereits vertraut gemacht. Anders als seine

Ehe war Schnitzlers Verbindung zu Währing eine dauerhafte: Der Dichter sollte dort die letzten drei Jahrzehnte seines Lebens verbringen.

1888 hatte Kaiser Franz Joseph anlässlich der Eröffnung des Türkenschanzparks den Wunsch geäußert, die Landgemeinden außerhalb des Linienwalls als seine *Kinder* in der Metropole vereint zu wissen. Aus dem Wunsch wurde ein Befehl und die Zweite große Stadterweiterung. Einer der neun neuen Bezirke hieß Währing und erstreckte sich über das Tal des Währingerbachs mit den einstigen Dörfern Währing, Weinhaus, Gersthof und Pötzleinsdorf; und er umfasste damals auch noch die nordwestlich davon gelegenen Orte Neustift am Walde und Salmannsdorf, die seit 1938 zu Döbling gehören. Franz Josephs neues „Kind" war gerade dabei, sich zu einer der schönsten und beliebtesten Wohngegenden in Wien zu entwickeln. Fast neunzig Prozent der Häuser stammten in diesem Bezirk aus der Zeit nach 1861. Auf der so genannten Türkenschanze, östlich des neuen Türkenschanzparks, waren seit der Gründerzeit viele kleine Villen und Gärten entstanden. Hier, an der Stelle der einstigen Pulvermagazine, der Kornfelder und Sandgruben, über denen im Herbst die bunten Drachen geschwebt hatten,

In dieser Umgebung verbrachte Schnitzler die zweite Hälfte seines Lebens. Ausschnitt aus einem Plan von 1910.

wohnte jetzt das gehobene Bürgertum, das nicht mehr in den Mittelpunkt der Metropole drängte, sondern in jene Gegenden, wo sich das Stadtleben mit der Nähe zur Natur verbinden ließ. Und hier wurde auch Schnitzler heimisch.

Die Übersiedelung nach Währing war die größte dauerhafte Ortsveränderung im Leben des Dichters, das sich ja, von einigen

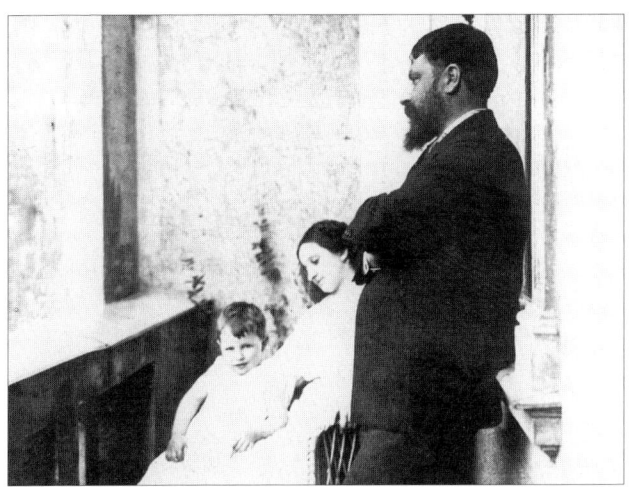

Ein für damalige Verhältnisse erfrischend natürlich wirkendes Foto: Schnitzler mit Olga und Heinrich auf dem Balkon der Spöttelgasse, 1905.

Reisen abgesehen, ausschließlich in Wien und Umgebung abspielte. Bei einem Schriftsteller, dessen Werk so beharrlich um bestimmte Schauplätze kreist, ist das mehr als ein biografisches Detail. Neue Orte wurden dadurch zu wesentlichen Bezugspunkten seines Lebens und seiner Dichtung. Aber auch aus einem anderen Grund markiert der Ortswechsel einen Einschnitt in Schnitzlers Biografie: Er bedeutet den Abschied des vierzigjährigen Dichters vom Junggesellenleben und die Übernahme einer Rolle, von der Schnitzler lange Zeit nichts wissen wollte: jener des Ehemannes und Familienvaters.

SPÖTTELGASSE 7
(18., HEUTE EDMUND WEISS-GASSE 7)

Im Heimgehn ... wieder einmal Spöttelgasse vorbei – ich sah zu den Fenstern auf, hinter denen sieben meiner Lebensjahre, die besten vielleicht verstrichen sind ... Melancholie, Melancholie, Melancholie. (Tb. 5. 1. 1923)

So denkt der einsame Dichter nach dem Scheitern seiner Verbindung mit Olga an seine ersten Ehejahre zurück, die er in der Spöttelgasse verbracht hat. Bereits einige Monate vor der Heirat, im April 1903, hatte das Paar seine zukünftige Bleibe gefunden – am südlichen Hang der Türkenschanze, direkt gegenüber dem Sternwartegarten. Das 1862 errichtete Haus gehört zu den ersten gründerzeitlichen Bauten, die hier errichtet wurden. In der Spöttelgasse stand, als die Familie einzog, noch ein letztes Relikt aus alter Zeit, zwei Jahre später verschwand es ebenfalls – ein Haus übrigens, um das sich viele abenteuerliche Geschichten rankten. Man nannte es das *Tusculum*; Diebe sollen hier ihr Versteck, Freimaurer ihre Zusammenkünfte gehabt haben, und sogar mit Kaiser Franz Joseph wurde das alte Gebäude in mysteriöse Verbindung gebracht.

Neue Wohnung, wunderschön durch Ruhe, Aussicht auf den Sternwartegarten, hohe Lage, Balkons, hält der Dichter unmittelbar nach dem Einzug im Tagebuch fest. Vor allem die prächtige Aussicht auf den (heute unter Naturschutz stehenden) Park mit der 1873 errichteten Sternwarte (ihr Teleskop war zur Zeit seiner Errichtung das größte Linsenfernrohr der Welt) schloss Schnitzler gleich ins Herz. Kein Wunder: Zwei Jahrzehnte lang hatte er in der Wohnung am Burgring einen herrlichen Blick auf den Burggarten genossen. Den Parkblick hat Schnitzler übrigens auch der Hauptfigur in *Der Weg ins Freie* „vererbt": Georg Wergenthin sieht von den Fenstern seiner Wohnung auf den Stadtpark – ein sich wiederholendes Motiv in diesem Roman, der das Hauptwerk der „Spöttelgassener Jahre" darstellt. Die übrige literarische Ausbeu-

Brief an den Schauspieler Josef Kainz vom 13. 9. 1905.

te dieser Zeit besteht hauptsächlich aus Dramen: *Freiwild, Zwischenspiel, Der Ruf des Lebens, Komtesse Mizi* oder *Der Schleier der Pierrette*. Das wichtigste persönliche Ereignis aber war die Geburt der Tochter Lili am 13. September 1909.

An meiner alten Wohnung Spöttelg.[asse], erleuchtete Fenster, vorbeigehend – empfinde ich stark die Gespensterhaftigkeit solcher Fenster, hinter denen man viele Jahre gelebt und so viel erlebt – und hinter denen jetzt Unbekannte wohnen. (Tb. 26. 9. 1922)

Offenbar empfanden Schnitzler und seine Frau die Mietwoh-
nung in der Spöttelgasse zu klein für eine vierköpfige Familie –
und zu wenig repräsentativ für einen großbürgerlichen Haus-
halt. Zu Beginn des Jahres 1909 findet sich nämlich in Schnitzlers Tagebuch die Eintragung: *Mit O.[lga] Vm. spazieren, Wohnungen angesehn. Alles unmöglich.* Bald darauf wieder: *Wohnungen. Alles unmöglich.* In regelmäßigen Abständen findet sich ab
nun die vorerst erfolglose Wohnungssuche lakonisch kommen-
tiert, mit dem immer gleichen Ergebnis: *unmöglich.* Und wieder und wieder: *unmöglich.* Vor allem die Umgebung der
besichtigten Häuser ist es, die Schnitzlers Ansprüchen nicht
genügt. Er vermisst den Parkblick, den die Spöttelgasse ihm
bietet. *Wohnungsdiscussion mit O., ins düstere, allgemeine,
vernichtende sich verlierend,* notiert der Dichter ein Jahr nach
der ersten Wohnungsbesichtigung. Die Zweifel und Sorgen
wegen des Domizils, die nur ein Teil von Schnitzlers allgemeinen finanziellen Problemen sind, verdichten sich: *Aus
Wohnungssorgen entstehende Ehedüsterkeiten* (Tb. 20. 3. 1910).
Sechs Tage später aber – ein plötzlicher Lichtblick: *... mit O.[lga]
das Haus Römpler-Bleibtreu besichtigt; ... Es überraschte uns
aufs angenehmste, und der Gedanke des Kaufs wird lebhaft*

*Blick von Südwesten auf die neue Sternwarte und den jungen Park,
mit noch unverbauter Umgebung (1886). Davor die Spöttelgasse,
dahinter ist die Sternwartestraße zu denken.*

erwogen. Drei Wochen später unterschreibt Schnitzler den Kaufvertrag. Die Hälfte der 95.000 Kronen (auf heutige Verhältnisse umgerechnet wären das ungefähr 5 1/2 Millionen Schilling oder 400.000 Euro) leiht sein Bruder Julius, die andere Hälfte die Sparkasse. Damit gewinnt die Sternwartestraße einen neuen Dichter im selben Jahr, in dem sie einen anderen – den serbischen Schriftsteller Laza Kostić – verliert.

Die Burgschauspielerin Hedwig Bleibtreu, die der Familie Schnitzler das Haus überließ, weil sie nach dem Tod ihres ersten Mannes, Burgschauspieler Alexander Römpler, nicht mehr darin bleiben wollte, hat nicht nur in zahlreichen Schnitzler-Aufführungen mitgewirkt, sie dürfte auch Rollenkonzeptionen wie etwa jene der Schauspielerin Anna Meinhold-Aigner in *Das weite Land* mitgeprägt haben. Ihr Mann hatte das Haus um 1900 bauen lassen, und zwar von Heinrich Sikora, dem Baumeister der Zweiten Wiener Hochquell-Wasserleitung. Dass diese neue Heimstatt in nächster Nähe der alten lag – nur zwei Straßen weiter in Richtung Türkenschanzpark –, dürfte Schnitzlers Entscheidung wohl mitbestimmt haben. Die Übersiedlung bedeutete somit keinen Abschied von alten Gewohnheiten; dennoch war sie für Schnitzler mit großer innerer Unruhe verbunden.

Kurz nach dem Einzug entstand diese Aufnahme von der Gartenseite des Hauses Sternwartestraße. Auf dem Balkon Schnitzler und Lili, links im Garten Olga und Heinrich.

Wache auf, ... in düsterster Stimmung, allein mit meinem Schicksal, wie man's immer zu solchen Stunden. Schreibe an meinem Schreibtisch, mit dem Blick über Veranda auf die Baumwipfel unsres Gartens, Häuserviellheit, Morgenhimmel ... (Tb. 17. 7. 1910)

Eine heute ungewohnte, aber gesündere Art des Schreibens:
Schnitzler am Stehpult in der Wohnung Sternwartestraße 71, um 1915.

Ein schlechtes Vorzeichen, diese erste Nacht? Zwölf Jahre später liest man: *Ruin meines Wiener Hauses* (Tb. 29. 8. 1922), *Zusammenbruch des Wiener Hauses* (Tb. 1. 9. 1922) – was ist geschehen? Dem Gebäude gar nichts – aber Schnitzlers Ehe ist zerbrochen. Dies und sechs Jahre später die Nachricht vom Selbstmord der über alles geliebten Tochter Lili machen den Ort vielleicht zum schicksalhaftesten in Schnitzlers Leben.

Dem Schriftsteller waren in seinem Haus aber auch wunderbare Momente vergönnt: die Freude an seinen beiden Kindern; inmitten zermürbender Ehestreitigkeiten Augenblicke der Ruhe und des Glücks; und, drei Jahre vor seinem Tod, in der größten

Vereinsamung, ein letzter Lichtstrahl: die Begegnung mit der französischen Übersetzerin Suzanne Clauser, welche die letzten Lebensjahre des Dichters erhellen wird. Zur Geschichte des Hauses gehören schließlich auch die Werke, die darin entstanden sind: von den Dramen *Das weite Land* und *Professor Bernhardi* über die späteren Erzählungen (*Casanovas Heimfahrt, Fräulein Else, Traumnovelle* und viele

„Mein geliebtes Kind!" – Lili Schnitzler, um 1925.

andere) bis hin zum Roman *Therese*, der gesellschaftskritischen *Chronik eines Frauenlebens.*

COTTAGEVIERTEL (18./19.)

1873 ist das Geburtsjahr gleich zweier Projekte, die bis heute das Aussehen der Türkenschanze prägen: des Türkenschanzparks und der Cottageanlage. Im Wien der Jahrhundertwende gab es etliche solche vornehmen, großzügig mit Grün durchsetzten Villenviertel, die sich an den englischen Gartenstädten orientierten. Jenes in Währing/Döbling aber war das älteste und wurde deswegen auch schlichtweg „Cottage" (wienerisch: *die kottä:sch*) genannt. Eine kleine Gruppe privater Unternehmer, der „Wiener Cottageverein", hatte es sich hier zum Ziel gesetzt, den damaligen Zinshäusern einfache, höchstens zweistöckige Häuser mit Garten entgegenzusetzen, die Lebensqualität zu moderaten Preisen ermöglichen sollten. Auch Schnitzlers Haus in der Sternwartestraße ist Teil dieser Anlage und mit seiner einfach gestalteten Fassade – obwohl eines der später errichteten Häuser – ein typisches Beispiel für den frühen Cottage-Stil. Mit der Zeit wurde nämlich wesentlich üppiger gebaut, und namentlich zu Beginn des Jahrhunderts entstand so manches Cottage, das man schon eher als ein Schlösschen bezeichnen könnte. Zu diesen gehört zweifellos die wunderbare Villa von Schnitzlers Freund Richard Beer-Hofmann in der Hasenauerstraße, ein Werk des bekannten Jugendstilarchitekten Josef Hoffmann. Die zwei Schriftstellerkollegen wohnten zwar nicht Tür an Tür, aber doch Straße an Straße (die Hasenauerstraße ist die nördliche Parallelstraße der Sternwartestraße). Und bald folgte auch Felix Salten dem Beispiel seiner Jugendfreunde und ließ sich – ebenfalls ganz nah – in der Cottagegasse nieder. Nicht nur ihretwegen kann man von einer kleinen Künstlerkolonie sprechen – im Währinger Villenviertel lebten auch einige Schauspieler, wie etwa Hugo Thimig (von 1912 bis 1917 Burgtheaterdirektor), Auguste Wilbrandt-Baudius oder eben das Schauspielerehepaar Römpler-Bleibtreu, deren Haus die Familie Schnitzler übernahm. Kein Wunder also, dass Schnitzler den Dirigenten Amadeus Adams und die Sängerin Cäcilie Adams-Ortenburg, deren außergewöhnliche Ehe Gegenstand der 1905 entstandenen Komödie *Zwischenspiel* ist, ein typisches Cottage bewohnen lässt. Ein solches ist aber auch das einstöckige Haus von Professor Wegrat, dem als Direktor der Akademie der bildenden Künste zum Beamten mutierten Maler im *Einsamen Weg*. Das kleine Gärtchen ist beinahe gänzlich von Häusern umschlossen, *sodaß jeder freie Ausblick fehlt*; da braucht es fast nicht den Hinweis, dass Wegrat auf seinem Heimweg von der Akademie *einen kleinen Umweg gemacht [hat] – über die Türkenschanze*.

Viele Künstler siedelten sich im Währinger Cottageviertel an, das großbürgerliches, naturnahes Wohnen zu moderaten Preisen bot (Foto um 1900).

TÜRKENSCHANZPARK (18.)

Auch Schnitzler führten seine kurzen Spaziergänge meist in den Türkenschanzpark, ein ideales „Naherholungsgebiet" und die größte Wiener Gartenanlage jener Zeit. Wenig bekannt ist

*Zwei Sommeridyllen im Türkenschanzpark. Ein Schnitzler-Denkmal
erinnert heute an die jahrzehntelange Verbundenheit des Dichters mit
diesem größten und prächtigsten Wiener Landschaftsgarten.*

heute, dass der prächtige, aus derselben Zeit wie Rathaus- und
Stadtpark stammende Garten allein durch die Initiative der
Bewohner des umliegenden Gebietes zustande kam: Sie brachten aus eigenen Mitteln das Geld auf, um das wüste Gelände
der ehemaligen Türkenschanze zu sanieren. Von regelmäßigen
Morgenspaziergängen im Park ist im Tagebuch die Rede, vom
sommerlich prangenden Türkenschanzpark oder vom Türkenschanzpark, *der nach Heu duftet*. Auch eine Arbeitsstätte ist
der schöne Garten für den Dichter: Hier grübelt Schnitzler im

Gehen etwa über den Versen für sein Stück *Der Gang zum Weiher.*

Der Türkenschanzpark war jedoch nicht nur für Spaziergänge gut: außer den großen Teichanlagen, dem künstlichen Bachlauf und den exotischen Gehölzen beherbergte er auch noch eine Attraktion anderer Art: ein Restaurant mit großer Terrasse, auf der Schnitzler an warmen Sommertagen häufig mit Olga, Freunden und auch allein nachtmahlte.

Mit O.[lga] ... Türkenschanzpark genachtmahlt mit Treßlers und Speidels, viel gelacht. Höchst wienerischer Abend: die Musik, das Programm Ziehrers „Traum des Reservisten", der Kapellmeister (des bosnischen Regiments, an unserm Tisch ein paar Augenblicke) das naive Feuerwerk, die Gesellschaft neben uns, das Mädel das den jungen Menschen mit Obersschaum füttert, die Wirtstochter, die bildhübsche am Gasthausfenster über uns mit dem „eleganten" Courmacher und den Brüdern u.s.w. (Tb. 22. 6. 1909)

EINSAME WEGE –
WEGE INS FREIE

Der „Stadtmensch" Schnitzler liebte die ländliche Umgebung Wiens
und entwickelte sich in späteren Jahren zu einem großen Spaziergänger.
Foto 1923.

Sie gehen wohl immerfort spazieren?, bemerkt Gabriele im Einakter *Weihnachtseinkäufe* leicht abfällig zu Anatol. Und die
Antwort des so Getadelten? *Spazieren! Da legen Sie so einen ver-
ächtlichen Ton hinein! Als wenn es etwas Schöneres gäbe! – Es liegt
so was herrlich Planloses in dem Wort!*

Anatols „Spazieren" hat mit dem Spazieren, das Schnitzler in
späteren Jahren praktizierte, nicht viel mehr als das Wort
gemein. *Planlos* waren die Streifzüge des Gymnasiasten, Studenten und jungen Arztes durch Stadt und Vorstadt, die höchstens einen Zweck hatten, nämlich weibliche Bekanntschaften zu
knüpfen. Für den älteren und alten Dichter aber sind es gerade
die Spaziergänge, die sein Leben mehr als jede andere Tätigkeit
strukturieren. Seit der Übersiedlung nach Währing bewegt sich
Schnitzler fast jeden Tag stundenlang durch die ländliche Umgebung seiner neuen Heimstatt und vergisst niemals, im Tagebuch
die Stationen seiner Route zu vermerken. Pötzleinsdorf, Dornbach, Neuwaldegg, Salmannsdorf – das sind die neuen „Leit-
wörter", die in seinen Tagebüchern mit einem Schlag so häufig
vorkommen wie zwei Jahrzehnte zuvor die Namen diverser
Cafés und junger Mädchen. Neuentdeckungen, erstmals betre-
tene Wege werden genauso minutiös vermerkt wie Theater-
premieren. *Wie wundersam ist eine große Stadt,* bemerkt
Schnitzler nach der Entdeckung bisher unbekannter Wege
zwischen Hütteldorf und Ober St. Veit. Und Tags darauf: *Im
übrigen glaub ich gibts keinen weniger blasirten Menschen als
mich; jeder Waldweg, auch ein oft begangner bedeutet Vergnügen,
fast Spannung für mich.*

Schnitzlers Streifzüge durch die ländliche Peripherie und Umgebung Wiens sind mit seiner Dichtung eng verknüpft. *Wieviele
Stunden, Viertelstunden war ich im Lauf der letzten Jahre auf solchen Spaziergängen mit „Denken", mit „Entwerfen" beschäftigt,*
klagt er einmal. Über ein Jahr beschäftigt er sich zum Beispiel
im Gehen unentwegt mit dem Plan für den *Gang zum Weiher,*
sogar einzelne Verse notiert er sich dabei. Ob es wohl Zufall ist,
dass ein „Gang" zum Titel dieses Dramas geworden ist? Es ist
nicht der einzige Titel, der auf eine Verbindung zwischen Ent-
stehungsweise und Inhalt des Werks hindeutet. Zwei weitere
Beispiele sind das Stück *Der einsame Weg* (1903) und der zeitlich
benachbarte Roman *Der Weg ins Freie* (1902 bis 1907). Sie sind
Produkte jener Jahre, in denen Schnitzler in Währing heimisch

wird und sich, zum großen Spaziergänger geworden, den Nordwesten Wiens erwandert. Und in eben diesen beiden Werken
werden die Gegenden, die Schnitzler besonders gerne aufsuch-
te, zu Schauplätzen seiner Dichtung: Dornbach, Neuwaldegg
und der Schwarzenbergpark sowie weiter nördlich Neustift
und Salmannsdorf.

DORNBACH UND
„DORNBACHER PARK" (17.)

*Garten im Hause des Herrn von Sala. Links das weiße ebenerdige
Haus, mit breiter Terrasse, von der sechs Steinstufen in den Garten
herabführen. Von der Terrasse führt eine breite Glastüre in den
Salon. Im Vordergrund ein kleiner Teich, im Halbkreis herum eine
kleine Baumanlage. Eine Allee läuft von hier aus schief nach rechts
hin. Am Beginn dieser Allee, dem Teich nahe, zwei Säulen. Auf diesen Säulen die Marmorbüsten von zwei römischen Kaisern. Eine
steinerne Bank mit Lehne halbkreisförmig, rechts vom Teich, unter
Bäumen. Rückwärts schimmert das Gitter durch das dünn gewor-
dene Gesträuch. Hinter dem Gitter Wald, rötlich belaubt, mäßig
ansteigend ...* (Der einsame Weg)

1903, noch vor Schnitzlers Übersiedlung in die Spöttelgasse,
entsteht sein Drama *Der einsame Weg*, das um mannigfach miteinander verknüpfte und doch der Einsamkeit ausgelieferte
Schicksale kreist. Schon damals muss Schnitzler mit der Dornbacher Gegend vertraut geworden sein, denn sie beherbergt den
(neben Professor Wegrats Haus) zweiten wichtigen Schauplatz
des Stücks, an dem die Ereignisse auch ihr schmerzliches Ende
finden: das Haus des Schriftstellers Stephan von Sala.
Villen ähnlich dieser im *Einsamen Weg* beschriebenen entstanden
gegen Ende des 19. Jahrhunderts in Dornbach und Neuwaldegg, die das Hinterland von Hernals bilden, zuhauf. Seit die
Pferdetramway 1865 eine bequeme Verbindung zur Stadt
geschaffen hatte, ließen sich immer mehr reiche Wiener in den
ehemaligen Bauerndörfchen nieder, die schon seit geraumer
Zeit zu beliebten Sommerfrischen für erholungsbedürftige Städter geworden waren. Kronprinz Rudolf, ein Heurigenfreund,
war oft inkognito – mit oder ohne weibliche Begleitung – in
der bekannten Restauration *Zur güldenen Waldschnepfe* in
Dornbach zu sehen (wo er übrigens einmal seiner Equipage
beraubt wurde – von seiner Frau Stephanie, die ihn ausspio-
niert hatte und mit der Kutsche heimgefahren war). Schnitzlers

Viele noble Villen schufen Ende des 19. Jahrhunderts im ländlichen Dornbach ein großbürgerliches Ambiente. Teilansicht aus Nordosten, im Hintergrund der Wienerwald (1907).

Neigung galt mehr dem großbürgerlichen Dornbach. Ein *Schloß* nennt die Schauspielerin Irene Herms Salas Haus, als ein *bescheidenes Landhaus* bezeichnet es Sala selbst – die Wahrheit dürfte, der oben zitierten Beschreibung nach, in der Mitte liegen. Aber nicht das Haus selbst, sondern die unmittelbare Umgebung ist der eigentliche Schauplatz: der Garten mit den römischen Büsten, der Allee und dem Teich – und mit der kleinen Tür, *die direkt in den Wald hinausführt,* den unbegangenen und doch im Hintergrund stets gegenwärtigen, der eine eigentümlich beruhigende und beunruhigende Wirkung zugleich ausübt.

Wir haben einmal einen Ausflug nach Dornbach gemacht, die Eltern, Felix und ich ... und das war gerade an der Stelle, wo Ihr Haus gebaut werden sollte, erinnert sich Johanna, die Tochter Professor Wegrats. *Und nun sieht alles geradeso aus, wie Sie es damals geschildert haben.* Auch Schnitzler sieht auf seinen Spaziergängen im Geist das ungebaute Haus Salas vor sich. *Neuwaldegg (Park; das ungebaute Haus Sala's)* findet sich im Tagebuch drei Jahre nach Beendigung des Stücks; und noch einmal sieben Jahre später: *Spazierfahrt Sommerhaidenweg–Neuwaldegg.– Am Platz von Sala's Haus vorbei ...* Wie konkret Schnitzlers bildliche Vorstellung von den Orten seiner Dichtung war, wird an diesem Beispiel ganz besonders deutlich.

Mehrere Weiher, eine Allee mit zwei Obelisken, hinten der Wald ...
Der Schwarzenbergpark hat Schnitzler zu einem der Schauplätze
in „Der Einsame Weg" inspiriert.

Der Park, den Schnitzler im Tagebuch in Verbindung mit Salas
Haus nennt, erstreckt sich hinter den Villen von Dornbach und
Neuwaldegg und hat mehrere Namen: Als Dornbacher Park
erscheint er in Schnitzlers Tagebüchern, Schwarzenbergpark
heißt er heute, und Neuwaldegger Schloßpark war er einst: eine
gigantische Anlage, von der Anfang des 20. Jahrhunderts nur
noch verwilderte Reste übrig waren. Diese bedeutendste Wiener
Parkschöpfung des 18. Jahrhunderts im englischen Stil, deren
Entstehung sich einem gewissen Feldmarschall Grafen Lacy verdankt, muss trotz des erstrebten Naheverhältnisses zur Natur
von Säulen, Statuen, Tempeln, Lusthäusern, Grotten und nied-
lichen Brücken geradezu gestrotzt haben. Inzwischen ist sie voll-
kommen mit dem Wienerwald verwachsen; nur Rudimente lassen noch die Strukturen des alten Landschaftsgarten erahnen.
Hier, zwischen den Alleen und Teichen vor dem Hintergrund
des Wienerwaldes, hat sich Schnitzler Salas Haus gedacht – eine
höchst sinnfällige Dekoration: Die Atmosphäre von Versinken
und Vergehen, die die Handlung um den todgeweihten Herrn
von Sala und das junge Mädchen Johanna beherrscht (Johanna
versinkt am Ende des Stücks im wahrsten Sinn des Wortes,
nämlich im Teich vor Salas Haus), könnte keine passendere Entsprechung haben als diese Landschaft, in der die Gegenwart so
sehr vom unwiderruflich Vergangenen beherrscht ist.

Neustift am Walde und Salmannsdorf
(18., heute 19.)

*Wie oft hab ich auf einsamen Spaziergängen an unsere schönen
Plauderstunden im Dornbacher Park gedacht, wo wir „die tiefst'
und höchsten Dinge dieser Welt" bis auf weiteres zu erledigen pfleg-
ten,* erinnert Sala den Maler Julian Fichtner an die gemeinsame
Jugendzeit. Die beiden sind nicht das einzige Freundespaar in
Schnitzlers Dichtung, das hier spazieren geht; *durch die Alleen
des Dornbacher Parks* wandeln auch der Protagonist Georg Wergenthin und sein Freund Heinrich Bermann in *Der Weg ins Freie.*
Es gibt aber noch einen anderen Ort, an dem sich das Drama
mit dem bald nach ihm entstandenen Roman „trifft":

*Ich bin tiefer in den Wald hineingefahren, bis über Neustift und
Salmannsdorf. Und dann bin ich ausgestiegen und bin einen Weg
gegangen, der mir aus früherer Zeit in Erinnerung war. ... Ich hab
mich auf einer Bank ausgeruht, wo ich vor vielen, vielen Jahren mit
einem guten Bekannten gesessen bin. ... Wissen Sie noch, Herr
Fichtner? Der Blick ist so schön. Über die Wiesen und über die ganze Stadt sieht man hin, bis zur Donau.* (Der Einsame Weg)

Dass ausgerechnet die Schauspielerin Irene Herms, eine der
unkompliziertesten und freimütigsten Gestalten im *Einsamen
Weg,* von dieser Bank mit dem freien Blick über das Land
spricht, trägt ebenso zu ihrer Charakterisierung bei wie zu
jener Salas die Tatsache, dass unmittelbar hinter seinem Haus
der dunkle Wald beginnt. Schnitzler scheint aber auch hier
einen ganz bestimmten Ort im Auge gehabt zu haben; denn
eine Bank in eben dieser Lage ist auch Georg Wergenthins
Lieblingsplätzchen und ein mehrmals wiederkehrendes Motiv
im Roman:

*Auf einem Seitenpfad in mäßiger Steigung ..., so kamen sie aus der
Waldung auf offenes Wiesenland, das den Blick talwärts freigab. Sie
blickten über die Stadt hin, und weiter gegen die dunstatmende
Ebene, durch die schimmernd der Fluß rann; zu fernen Berglinien,
vor denen dünner Rauch sich hinbreitete. Dann, im Frieden der
Abendsonne, spazierten sie weiter zu Georgs Lieblingsbank am
Waldesrande.* (Der Weg ins Freie)

Georg und Heinrich sind ähnlich wie Irene Herms über den
Dornbacher Park und den *Wald von Salmannsdorf,* wie der nördlich davon gelegene Ausläufer des Wienerwaldes im Roman
genannt wird, zu dieser Bank gelangt. Auch sie sehen von hier

über die Stadt und bis zur Donau. Noch genauer lässt sich besagte Bank aber mithilfe einer anderen Stelle des Romans lokalisieren:

Nicht selten wählte er einen Weg, der sich oberhalb des Dorfes zwischen Gärten und Wiesen hinzog, und stieg dann gerne den grünen Hang aufwärts bis zu einer Bank am Waldesrand, von wo der Blick über die kleine, im Talgrund länglich hingebreitete Ortschaft freilag. (Der Weg ins Freie)

*Blick vom Sommerhaidenweg auf Neustift am Walde.
Hier erwartet Anna Rosner in „Der Weg ins Freie" die Geburt
ihres Kindes.*

Der Name des Dorfes wird nicht genannt; aber die zahlreichen Weg- und Ortsbeschreibungen im Roman machen es sehr wahrscheinlich, dass Schnitzler dabei an Neustift am Walde gedacht hat.

Neustift und das nordwestlich unmittelbar anschließende Salmannsdorf zählen zu den *kleinen, ganz nahe der Stadt gelegenen Orte[n],* die Georg Wergenthin in *Der Weg ins Freie* so liebt – *wo dorfmäßige Baulichkeiten, bescheidene Landhäuser und elegante Villen sich aneinanderreihten.* Seit 1938 gehören die beiden Ortschaften, die bis heute etwas von ihrem einstigen dörflichen Charakter bewahrt haben, zu Döbling; zu Schnitzlers Zeiten bildeten sie den ländlichsten und westlichsten Teil des Bezirks Währing. Neustift und Salmannsdorf waren seit der Mitte des 19. Jahrhunderts als Sommerfrische gesucht, und die Stellwagen brachten auch natur- und weinfreudige Ausflügler hierher ins Grüne und zu den Heurigen. Die Hänge, die im Norden das

enge Tal mit dem *länglich hingebreitete[n]*, idyllisch zwischen
Obstgärten gelegenen Neustift säumen, sind mit Feldern und
Weingärten bedeckt, darüber beginnt der Wald. Und hier, am
Rand des Waldes, ist die Bank zu denken, von der Georg und
Irene Herms über die Wiesen ins Tal hinunter und bis über die
Stadt blicken – ganz in der Nähe übrigens von jener Marien-
säule, bei der sich Ferdinand Raimund und seine geliebte Toni
1827 ewige Treue schwuren.

Georg Wergenthin kommt nicht wie Schnitzler als einfacher
Spaziergänger in diese Gegend. Und von seiner *Lieblingsbank*
genießt er nicht nur den Ausblick, sondern vor allem den Blick
auf ein bestimmtes Haus, das unter ihm im Tal liegt: *Er sah von*
hier gerade auf das Dach, unter dem Anna wohnte … auf das
bescheidene Landhaus mit dem dreieckigen Holzgiebel im schma-
len, leicht ansteigenden Garten mit der weißen Bank unter dem
Birnbaum. Hierhin hat sich Anna Rosner nach der gemeinsamen Italienreise zurückgezogen, um die Geburt des unehelichen
Kindes abzuwarten. Die Erlebnisse, die Schnitzler hier verarbeitet hat, liegen Jahre zurück. 1897 brachte Marie Reinhard ein
totes Kind zur Welt – nicht in Neustift allerdings, sondern im
südlich von Wien gelegenen Mauer. Weniger aus der Erinnerung schöpft der Dichter hier bei der Gestaltung der Schauplätze, sondern aus der Gegenwart: Er hat den Handlungsstrang
um die Geburt des Kindes in jene Gegend verlegt, die ihm in
der Entstehungszeit des Romans besonders vertraut wurde.

DER SOMMERHAIDENWEG
(18., HEUTE 19.)

So genau sich Schnitzler bei seinen Wegbeschreibungen im
Roman an die Realität gehalten hat (so genau, dass man Georgs
Spaziergänge sogar teilweise nachgehen oder nachzeichnen
könnte) – der Name Neustift am Walde fällt im Roman kein
einziges Mal. Dafür ein anderer umso öfter: der Name Sommerhaidenweg.

Dieser Weg führte – und führt heute noch – von Pötzleinsdorf
an der südlichen Lehne des Neustifter Tals entlang nach Salmannsdorf und zählte zu den liebsten Spazierwegen Schnitzlers.
In der Zeit der Niederschrift des Romans war er noch ein ein-
samer, stiller Wiesenweg: Auf der einen Seite lagen am
aufsteigenden Hang des Michaelerberges im Grünen zwischen

jungen Bäumen verloren die Gräber des 1880 angelegten Neustifter Friedhofs, auf der anderen Seite senkte sich die Wiese hinunter in die Talsenke zu den ländlichen kleinen Häusern von Neustift am Walde. Der schöne Ausblick auf die Felder an der anderen Seite des Tals besteht heute noch, der Friedhof dagegen ist sehr viel größer geworden, ebenso wie die Bäume darauf. Nicht zuletzt die Schrebergärten, die noch zu Lebzeiten Schnitzlers am Abhang entlang des heute asphaltierten Weges entstanden, haben dem Sommerhaidenweg den Zauber der Unberührtheit genommen, der Schnitzler offenbar so gefangen nahm.

Auf diesem Weg geht Georg Wergenthin, von der Pferdebahn kommend – gemeint ist die Endhaltestelle am Ende der Pötzleinsdorfer Allee, die heutige Endstation der Linie 41 – zu Anna oder wieder heimwärts.

Langsam spazierte er zwischen Gärten und Villen weiter, dann ... nahm er eine allmählich ansteigende Straße, die mit einem ihn freundlich anmutenden Namen Sommerhaidenweg hieß ... Von dem bewaldeten Höhenzug zur Linken kam noch kein Schatten ... Zur Rechten senkte der grüne Hang sich abwärts, gegen das länglich dahinziehende Tal ...

Wunderbar vertraut fühlt Georg sich dieser Landschaft, in der sein Kind geboren wird – aber auch begraben: und zwar auf eben jenem Friedhof im Wald, an dem er so oft vorübergegangen ist. Der Sommerhaidenweg ist nicht ein zufällig genannter Name; aus der realen Bezeichnung wird in *Der Weg ins Freie* ein hartnäckiges Leitmotiv. Ähnlich wie etwa im Drama *Das weite Land* das Bild des scharlachroten Automobils vor der Friedhofsmauer ist der *freundlich anmutende* Weg mit dem traurigen kleinen Friedhof daneben eine jener Kombinationen, in denen sich das geheimnisvolle Neben- und Ineinander von Leben bzw. Liebe und Tod, von Vergangenheit und Gegenwart ausspricht. Der Tod des Kindes bedeutet auch für die Liebe Georgs zu Anna den Anfang vom Ende. Bevor Georg, der eine Kapellmeisterstelle in Deutschland bekommen hat, seiner Vergangenheit davonfährt, *in unbekannte Tage, die aus der Weite der Welt seiner Jugend entgegenklangen,* schließt der Roman mit einem Abschiedsspaziergang in die Gegend, die ihm einst so viel bedeutet hat. *In Georg war ein Vorgefühl der Sehnsucht, mit der er in Jahren, vielleicht schon morgen sich dieser Landschaft erinnern würde, die nun aufgehört hatte, ihm Heimat zu sein.* Schnitzler

„Die Gegend unbegreiflich ..." – *Bescheidene Gärten und prätentiöse Villen im Liebhartstal, dem Schauplatz der geheimnisvollen Geschehnisse in der „Traumnovelle".*

selbst geht noch Jahrzehnte später hier spazieren, etwa mit der jugendlichen Freundin Hedy Kempny, die nach seiner Scheidung die Einsamkeit des Dichters ein wenig lindern hilft. Dennoch aber scheint dieser Ort für Schnitzler damals bereits der Erinnerung anzugehören – an Erlebtes und an Erdichtetes:

Mit H.[edy] K.[empny] spät Abends unterm Sternenhimmel auf der Wiese hinter dem Pötzleinsdorfer [Neustifter] Friedhof gelegen ober dem Sommerhaidenweg. Es hätt eine andre – oder ein andrer sein müssen. (Tb. 2. 6. 1922)

LIEBHARTSTAL UND GALLITZINBERG (16.)

Das Liebhartstal im 16. Bezirk, zwischen Dornbach und dem „medizinischen" Areal mit dem Wilhelminenspital und der Nervenheilanstalt Steinhof, liegt am südlichen Rand von Schnitzlers Spaziergebiet. Durch diesen idyllischen Talgraben mit seinen weitläufigen Gärtnereien führte einer der schönsten Wege auf den Gallitzinberg – benannt nach einem begüterten russischen Botschafter, der hier im 18. Jahrhundert, um dieselbe Zeit wie Graf Lacy in Neuwaldegg, einen prächtigen Landschaftsgarten anlegen ließ.

Obwohl jene Gegend nicht zu den Hauptzielen von Schnitzlers Spaziergängen zählte, darf sie hier nicht vergessen werden, hat sie doch in zwei seiner Spätwerke Eingang gefunden: in die *Traumnovelle* und in den Roman *Therese. Chronik eines Frauenlebens.* Im Liebhartstal, *zwischen Stadt und Land*, wie es heißt, hat Therese ihren Sohn in Pflege gegeben, und zwar bei einem Schneidermeister. Das ländlich Einfache ist aber nur die eine

Seite dieser Landschaft: Das einstige „Niemandsland", das abseits der großen Ottakringer Fabriken lag, war in den letzten Jahrzehnten des 19. Jahrhunderts nämlich nicht nur durch Wirtshäuser, sondern auch als Cottagegebiet erschlossen worden. Bereits in der frühen Gründerzeit entstanden im Talgraben die ersten, oft sehr repräsentativen Villen. Und in einer von ihnen trägt sich das nächtliche Abenteuer des Arztes Fridolin zu, der als ungebetener Gast in ein geheimnisvolles Haus eindringt, sich in einer Orgie wiederfindet und von einer schönen Unbekannten gerettet wird. In einem merkwürdigen Gegensatz steht die Traumhaftigkeit von Fridolins Erlebnis mit den genauen Angaben zur Lage dieses Hauses. Schon als Fridolin heimlich im Fiaker der schwarzen Kutsche folgt, die den Pianisten Nachtigall an seinen mysteriösen Arbeitsplatz führt, kommt ihm die Gegend bekannt vor:

Zwischen bescheidenen Villen in langsamer Steigung ging es hinan. Nun glaubte Fridolin sich zurechtzufinden; Spaziergänge hatten ihn vor Jahren manchmal hierhergeführt: es mußte der Galitzinberg sein, den er hinanfuhr. Zur Linken in der Tiefe sah er die in Dunst verschwimmende, von tausend Lichtern flimmernde Stadt. ... Plötzlich, mit einem sehr heftigen Ruck, bog der Wagen seitlich ab, und zwischen Gittern, Mauern, Abhängen ging es abwärts in eine Schlucht.

Die „Schlucht" scheint nichts anderes als eine Seitenstraße der bergwärts ansteigenden, von Cottagevillen gesäumten Gallitzinstraße zu sein, die an der südlichen Lehne des Liebhartstals liegt. Als sich Fridolin am nächsten Tag auf die Suche nach dem Haus macht, wird er schnell fündig:

Am Ende des Liebhartstals, wo der Weg entschiedener nach aufwärts führte, stieg er aus ... Langsam stieg er bergan ... Er kam an die Stelle, wo rechts die Seitenstraße abbiegen mußte, in der das geheimnisvolle Haus stand ... sie führte nach abwärts, aber keineswegs so steil, als es ihn nachts im Fahren gedünkt hatte.

Und wirklich: Hier steht das Haus, das er sucht: *eine einstöckige Villa in bescheidenem Empirestil.* Warum Schnitzler es sich ausgerechnet im Liebhartstal gedacht hat, darüber kann man nur spekulieren. Aber ein Brief an Marie Reinhard, drei Jahrzehnte vor Erscheinen der Erzählung und lange vor Schnitzlers Spaziergängen in diese Gegend geschrieben, dürfte in jener Frage nicht ohne Bedeutung sein:

Gestern Vormittag bin ich im Liebhartsthal gewesen ... Die Gegend unbegreiflich – nie glaub ich war ein Mensch, der in den 9 Bezirken wohnt dort. Wo die Ottakringer Straße aufhört, die noch nie ein Mensch bis zu Ende gefahren ist, kommt man plötzlich in irgend was, was beinah eine Landschaft ist. Ich habe mir allerdings immer gedacht, daß links von Dornbach auch etwas sein muß, nachdem rechts Döbling liegt; aber im ganzen war ich doch überrascht. Es ist beinah Gegend. (Brief an Marie Reinhard, 17. 6. 1897)

Dieser erste Eindruck eines *unbegreiflichen*, gänzlich fremden Terrains, den Schnitzler vom Liebhartstal empfängt, hat sich offenbar eingeprägt. Denn was in der Traumnovelle, deren erste Entwürfe bis in das Jahr 1907 zurückgehen, in diesem Talgraben vor sich geht, ist – auf seelischer Ebene – genau das: Terra incognita – unbekanntes, unbegreifliches Terrain.

Das bevorzugte Spaziergebiet des Dichters im Nordwesten Wiens reichte auch noch weiter in den Wienerwald hinein: Kobenzl, Dreimarkstein, Himmel, Rohrerhütte, Sophienalpe, Krapfenwaldl oder Hermannskogel sind Fixpunkte von Schnitzlers Touren. Sonntagsausflüge mit Freunden werden seit 1914 aber immer öfter im Mietwagen unternommen. Im Bild: Adelige Gesellschaft mit zwei Opel-Automobilen, um 1911/12.

VOM PANORAMA
ZUM KINO

Wien im Kino: Düster-romantisch ist das Wienbild in den Filmen der zwanziger Jahre, etwa in der monumentalen Verfilmung von Schnitzlers Drama „Der junge Medardus" (1923).

Schnitzler war ein ausgesprochen schaulustiger Mensch. Das zeigen nicht nur seine unzähligen Theaterbesuche, sondern noch deutlicher zwei andere Freizeitbeschäftigungen, die in seinem Leben eine wichtige Rolle spielten: Sogar häufiger nämlich als ins Theater ging Schnitzler in späteren Jahren ins Panorama – und in noch späteren ins Kino.

KAISER-PANORAMA
(1., KOLOWRATRING 3)

Der Deutsche August Fuhrmann, seines Zeichens Physiker und Erfinder, hatte sich in den achtziger Jahren des 19. Jahrhunderts die Technik der Stereoskopie zunutze gemacht und ein neuartiges Betrachtungsgerät entwickelt, das er, höchst vaterländisch gesinnt, auf den Namen „Kaiser-Panorama" taufte. Es bestand aus einem hölzernen Zylinder mit eingelassenen Gucklöchern, um den herum auf barhockerartigen Sesseln die Besucher saßen. Im Inneren befand sich ein Bilderrad, das sich in bestimmten

Zeitabständen (ungefähr alle 20 bis 30 Sekunden) weiterbewegte. Das wöchentlich wechselnde Programm bot jeweils 50 Fotografien, die nicht nur handkoloriert waren, sondern auch – mit einer Doppelbildkamera aufgenommen und durch ein Linsenstereoskop betrachtet – den Eindruck räumlicher Tiefe vermittelten.

Ganze 250 Filialen hatte das Unternehmen auf dem Höhepunkt seines Erfolges um 1915 herum – eine davon in Wien, im Haus Kolowratring Nr. 3. Die Zeit des Ersten Weltkrieges ist auch der Höhepunkt von Schnitzlers Panoramabegeisterung, die von vielen seiner Zeitgenossen geteilt wurde, und die man nur verstehen kann, wenn man von unserem inflationären Umgang mit Reisen und visueller Information ab- und auf die Verhältnisse zu Beginn des vorigen Jahrhunderts zurücksieht. Das Kaiser-Panorama bot – ohne die damals noch nicht zu unterschätzende Unbequemlichkeit größerer Ortsveränderungen – „Lehnstuhl-reisen" in ferne Städte und Regionen, was für einen Mann wie Schnitzler umso reizvoller gewesen sein muss, als er den allergrößten Teil seines Lebens in Wien verbrachte. In Kriegszeiten wurde es mit seinen aktuellen Bildreportagen auch immer mehr zu einem Vorläufer der im Zweiten Weltkrieg so wichtigen (allerdings bereits während des Ersten Weltkrieges existierenden) Kino-Wochenschauen. *Unsre Soldaten auf dem Weg nach Rußland* konnte man da etwa sehen, die Westfront, den Kriegsschauplatz Südtirol oder *Schlachtfelder* – und nur ein Rufzeichen nach der Nennung des Programms verrät in Schnitzlers Tagebüchern hin und wieder die Erschütterung des Autors, der

Das Kaiser-Panorama bot in bilderarmen Zeiten aktuelle visuelle Information und Unterhaltung, bevor es durch das Kino verdrängt wurde.

dem Krieg von Anfang an Unverständnis und Empörung entgegenbrachte.

Nach 1918 wurden Schnitzlers Panoramabesuche zusehends
seltener, und 1921 versiegten sie endgültig – ein Zeichen für den
Untergang der einst so beliebten Vergnügungs- und Bildungs-
institution (Anfang der zwanziger Jahre verkaufte Fuhrmann
sein Unternehmen), zugleich aber auch für den endgültigen
Sieg eines sensationellen neuen Mediums: des Kinos.

DIE FRÜHEN WIENER KINOS

Am 19. April 1896 zeigten die Brüder Lumière im Mezzanin des
Hauses Krugerstraße 2 (Kärntnerstraße 45) dem Kaiser ihre sensationellen „lebenden Photographien“; Franz Joseph dürfte
allerdings nicht allzu gut gesehen haben, denn in Anbetracht
seiner Würde musste er ganz vorne sitzen, noch dazu im Licht
zweier riesiger Kerzenleuchter. Zwanzig Jahre später sollten viele seiner Untertanen — darunter die Familie Schnitzler – sein
Leichenbegängnis nicht live, sondern auf der Leinwand erleben.
Damals war bereits die goldene Zeit des Kinos angebrochen, die
bis zum Aufkommen des Fernsehers in den fünfziger Jahren
anhalten sollte. Wie die Pilze schossen die neuen Massenunter-
haltungsstätten aus dem Boden. Gab es 1906 in der ehrwürdi-

*Das 1907 gegründete Bioskop in der Krugerstraße war in der
Frühzeit das vornehmste Kinematographentheater Wiens. – Allerhöchste
Mitglieder des Kaiserhauses zählten zu seinen Besuchern.*

gen Hauptstadt der Monarchie zwölf Kinos, so hatte sich diese Zahl 1915 bereits verzehnfacht, und zu Kriegsende waren es ihrer sage und schreibe 155! Wie beliebt bereits in den Anfängen der Ersten Republik die neue Unterhaltungsform geworden war, zeigt etwa eine Tagebucheintragung Schnitzlers aus dem Jahr 1923: *... suchten Kino – überall ausverkauft.*

So wie später das Fernsehen zum großen Kinosterben führte, so hat auch das Kino selbst seine Leichen im Keller: Nicht nur Varietébühnen, sondern auch etliche Privattheater wurden, offenbar nicht mehr überlebensfähig, in Kinosäle umfunktioniert: Im Metro-Kino (Johannesgasse 4) etwa befand sich früher das Kleine Schauspielhaus, in dem vor allem moderne, auch literarisch anspruchsvolle Stücke gespielt wurden; das Kino Kolosseum und das Apollo Kino beherbergten einst die zwei neben dem Ronacher größten Vergnügungsetablissements in Wien; und das

Trübsal blasen Wiens Theater angesichts der magischen Anziehungskraft der modernen Konkurrenz. Karikatur in „Das Welttheater", 1912.

Lustspiel-Kino im Prater entwickelte sich aus dem Lustspieltheater, dem ehemaligen Fürsttheater. Dass die Konkurrenz zwischen den Medien Kino und Theater heute gar nicht mehr so richtig nachzuvollziehen ist, liegt eben daran, dass das Kino (das in seinen Anfängen offiziell Lichtspieltheater oder Kino-Theater genannt wurde) dem Theater seine Unterhaltungsfunktion streitig machte und so dessen Stellenwert veränderte. Wäre es

Frühe Romantik-Industrie: Die „berühmte Nackttänzerin"
Olga Desmond in „Der Traum einer Frühlingsnacht" von 1915.
Erst um 1920 entstanden die ersten abendfüllenden Filme, bis dahin
setzten sich die Vorstellungen aus mehreren Kurzfilmen zusammen.

heute etwa denkbar, die Theater in einem Wien-Führer unter
dem Stichwort „Vergnügungsorte" zu finden, wie es noch
Anfang des 20. Jahrhunderts der Fall war? Nicht zufällig waren
auch zahlreiche neu errichtete Kinobauten den Theatersälen
nachempfunden: mit Fauteuils, Estradesitzen, Parkett und
Sperrsitzen.

Schnitzler ist selbst, obwohl er dem Theater zeitlebens auch als
Zuschauer verbunden blieb, ein Beispiel für die Abwanderung
vom Theater zum Kino, denn in seinem letzten Lebensjahrzehnt
bildet es das häufigste Abendprogramm, das er oft zwei-,
manchmal sogar dreimal wöchentlich absolviert – meist in
weiblicher Begleitung: entweder mit Hedy Kempny, ein *irgend-
wie erhöhter und in der Atmosphäre der Gegenwart corrumpierter
Typus des s.[üßen] M.[ädels]* (Tb. 23. 8. 1919), oder, am häufigs-
ten, mit Clara Pollaczek, jener Gefährtin, die zwar die Einsamkeit des alten Dichters lindert, ihm aber zunehmend zur
Last fällt. *Kommen Sie nur herein, unser Kino ist das dunkelste in
der ganzen Stadt!*, ließ ein Kinobesitzer sein Lokal anpreisen; der
Vorteil des verdunkelten Raumes, der für viele junge Leute eine
der Hauptattraktionen des Kinos darstellte, spielte für Schnitzler aber wohl keine Rolle – eher schon jener Aspekt, den der
Kinonarr Peter Altenberg bereits 1912 anspricht: Das Kino *ist
die beste, einfachste, vom öden Ich ablenkendste Erziehung.*

Schnitzler kannte natürlich nicht die „Flimmerkisten" des Proletariats, die zum Teil in verräucherten Wirtslokalen oder selbst ehemaligen Stallungen untergebracht, überfüllt und ungenügend gelüftet waren. Er entdeckte das neue Medium ja auch erst wenige Jahre vor Beginn des Weltkriegs, zu eben jener Zeit, als es sich die „bessere Gesellschaft" eroberte und die vornehmen Kinos der Innenstadt entstanden. Das eleganteste frühe Etablissement, das 1907 gegründete Graben-Kino – ein kleiner „Filmpalast" mit Logen und Rängen, prächtigen Vestibüls und geräumigen Garderoben – hat er kaum noch gekannt: Es erlitt nämlich bereits nach sieben Jahren ein sehr kurioses Schicksal. Ein Verein mit Namen „Lebende Zielscheibe" kaufte das Etablissement und funktionierte die Leinwand zu einer avantgardistischen „Schießbude" für jagdwütige Städter um; geschossen wurde auf im Film aufgenommene Tiere – und damit der Schütze seinen Treffer begutachten konnte, blieb der Film nach jedem Schuss stehen. Schnitzler bevorzugte die gewöhnlichen Kinos. Einige wenige davon haben sich bis heute gehalten, und wenn sie noch ein paar Jahre ausharren, können wir bald mehrere hundertjährige Jubiläen feiern: etwa des Votiv, des Tuchlauben oder des Urania Kinos.

Altbewährte Kombinationen: Liebe und Gewalt, Information und Unterhaltung – Programm des 1913 gegründeten Opern-Kinos, das Schnitzler häufig besuchte.

Die vielen Liebes-, Dokumentar- und sonstigen Filme, die vor dem Dichter über die Leinwand liefen (und die er nur allzu oft mit einem vernichtenden Urteil wie *unwahrscheinlich dumm* oder *Schandgewerbe* bedenkt), waren natürlich allesamt keine Tonfilme. Den ersten dieser Art brachte man in Wien erst 1929, zwei Jahre vor Schnitzlers Tod. Die Zeit von Schnitzlers Kino-

Auch äußerlich machten die Kinos den Theatern Konkurrenz:
Innenraum des 1910 gegründeten Rotenturm-Kinos am Fleischmarkt.

begeisterung fällt mit der großen Ära des Stummfilms in den
zwanziger Jahren zusammen, in der nicht nur Pianospieler, so
genannte „Tappeure", sondern oft eigene Kinoorchester für
akustische Untermalung sorgten. Großproduktionen entstanden, die an die heutige Hollywood-Gigantomanie denken lassen. Auf dem Laaer Berg etwa entstand 1922 eine riesige Film-
stadt, in der bis 1925 die Außenaufnahmen zu drei klassischen
Monumentalfilmen der österreichischen Sascha-Meßter-Filmfa-
brik gedreht wurden: *Sodom und Gomorrha, Die Sklavenkönigin*
(die Tempel in diesen Filmen gehören zu den größten Archi-
tekturbauten der Filmgeschichte, Tausende Statisten wurden für
die Dreharbeiten eingesetzt!) – und *Der junge Medardus*: eine
Verfilmung von Schnitzlers gleichnamigem Historiendrama aus
dem Jahr 1910.
Damit ist die zweite Komponente von Schnitzlers intensiver
Verbindung zum Film genannt. Sechs seiner Werke wurden
bereits zu seinen Lebzeiten verfilmt: Neben *Der jungen Medar-*
dus, Schnitzlers erster Arbeit für den österreichischen Film, entstanden Filme nach den Vorlagen *Liebelei* (noch vor dem Ersten
Weltkrieg!), *Anatol, Freiwild, Fräulein Else* und schließlich *Spiel*
im Morgengrauen – die erste Tonverfilmung eines Schnitzler-
Werkes. Sie stand am Beginn einer Ära, die der Dichter nicht
mehr erleben sollte: Arthur Schnitzler starb einen Monat nach
der Premiere, am 21. Oktober 1931, im 70. Lebensjahr.

ZEITTAFEL

1862 15.5.: Arthur Schnitzler in Wien, Jägerzeile 16 geboren (seit 1862
  Praterstraße). Eltern: Prof. Dr. Johann Schnitzler (1835–93),
  Laryngologe, Direktor der Allgemeinen Wiener Poliklinik, und
  Louise Schnitzler geb. Markbreiter (1838–1911)
1871–1879 Besuch des Akademischen Gymnasiums
1879 Herbst: Beginn des Medizinstudiums
1882 1.10.: Dienstantritt als Einjährig-Freiwilliger im Garnisonsspital Nr. 1
1885 30.5.: Promotion zum Dr. med. – Ab Sept.: Assistenzarzt im
  Allgemeinen Krankenhaus
1888–1893: Assistent des Vaters in der Poliklinik
1889 31.5.: Erste Begegnung mit Marie (Mizi) Glümer (1873–1925)
1890 Erste Treffen des Literatenzirkels „Jung Wien"; Bekanntschaft mit
  Hugo von Hofmannsthal (1874–1929), Felix Salten (1869–1947),
  Richard Beer-Hofmann (1866–1945), Hermann Bahr (1863–1934).
1892 VÖ: *Anatol*
1893 2.5.: Tod des Vaters. Schnitzler verlässt die Poliklinik und eröffnet
  eine Privatpraxis – 1.12.: UA von *Das Märchen* am Deutschen
  Volkstheater – 2.12.: Beginn der Beziehung zur Schauspielerin
  Adele Sandrock (1864–1937)
1894 12.7.: Erste Begegnung mit Marie (Mizi) Reinhard (1871–1899) –
  VÖ: *Sterben*
1895 9.10.: UA von *Liebelei* am Burgtheater – VÖ: *Die kleine Komödie*
1899 1.3.: UA der Einakter *Paracelsus, Die Gefährtin, Der grüne
  Kakadu* am Burgtheater – 18.3.: Tod Marie Reinhards –
  11.7.: Erste Begegnung mit Olga Gussmann (1882–1970),
  Schnitzlers spätere Frau
1900 VÖ: *Leutnant Gustl, Reigen* („Als unverkäufliches Manuskript
  gedruckt" in 200 Exemplaren)
1901 Schnitzler wird aufgrund der VÖ von *Leutnant Gustl* nach einem
  ehrenrätlichen Verfahren der Offiziersrang abgesprochen.
  VÖ: *Frau Berta Garlan*
1902 9.8.: Geburt des Sohnes Heinrich
1903 26.8.: Schnitzler heiratet Olga Gussmann, die Mutter seines
  Sohnes Heinrich – VÖ: *Reigen*
1904 13.1.: UA von *Der einsame Weg* am Deutschen Theater (Berlin) –
  16.3.: Buchausgabe von *Reigen* in Deutschland verboten.
1905 12.10.: UA von *Zwischenspiel* am Burgtheater
1906 16.3.: UA von *Zum großen Wurstel* am Lustspieltheater (Prater)
1908 VÖ: *Der Weg ins Freie*
1909 5.1.: UA von *Komtesse Mizzi* am Deutschen Volkstheater – 13.9.:
  Geburt der Tochter Lili
1910 17.7.: Einzug in das Haus Sternwartestraße 71, Wien XVIII
  (Währing) – 24.11.: UA von *Der junge Medardus* am
  Burgtheater
1911 9.9.: Tod der Mutter – 14.10.: UA von *Das weite Land*
  am Burgtheater und an sieben weiteren deutschen Bühnen

1912 25.10.: Verbot der geplanten UA von *Professor Bernhardi* am Deutschen Volkstheater – 28.11.: UA von *Professor Bernhardi* am Kleinen Theater (Berlin)

1914 22.1.: Premiere des dänischen Films *Elskovsleg* nach der Vorlage von *Liebelei* (erste Verfilmung eines Schnitzler-Werkes)

1918 VÖ: *Casanovas Heimfahrt*

1921 Österr. Erstaufführug von *Reigen* in den Kammerspielen des Deutschen Volkstheaters (Wien) – 16.2.: Tumult während einer *Reigen*-Aufführung – 26.6.: Scheidung von Olga

1923 5.10.: Wiener Premiere des Stummfilms *Der junge Medardus*

1924 VÖ: *Fräulein Else*

1925 VÖ: *Traumnovelle*

1926 VÖ: *Spiel im Morgengrauen*

1928 26.7.: Selbstmord der Tochter Lili – VÖ: *Therese. Chronik eines Frauenlebens*

1929 21.12.: UA von *Im Spiel der Sommerlüfte* am Deutschen Volkstheater

1931 UA von *Der Gang zum Weiher* am Burgtheater – 19.9.: Premiere des Tonfilms *Daybreak* (= *Spiel im Morgengrauen;* erster Tonfilm nach einer Schnitzler-Vorlage) – 21.10.: Schnitzler stirbt in Wien nach einer Gehirnblutung.

VERZEICHNIS DER BEHANDELTEN ORTE

Akademisches Gymnasium 21f.

Allgemeines Krankenhaus 23f.

Alserstraße (4) 17

Altlerchenfelder Kirche 64f.

Alt-Pilsenetzer Bierhalle 92f.

Anatomisches Institut 24f.

Arkaden Café 31, 35

Augarten 28

Brühl 81f.

Burgring (1) 16f.

Burgtheater, Altes 73

Burgtheater, Neues 72f.

Carltheater 11f., 68f.

Central, Café 36f.

Circusgasse (Zirkusgasse) (2) 12

Cottageviertel, Währinger/Döblinger 106f.

Dornbach 112f.

Dornbacher Park (Neuwaldegger Schloßpark, Schwarzenbergpark) 114

Elisabethbrücke 62f.

Frankgasse (1) 18

Freudenau 44f.

Galitzinberg (Galitzinberg, Wilhelminenberg) 119

Galitzinstraße (Gallitzinstraße) 120

Garnisonsspital 21f.

Giselastraße (Bösendorferstraße) (11) 14f.

Griensteidl, Café 39f.

Grillparzerstraße (7) 17

Hauptallee, Prater 43

Hinterbrühl 82

Hofoper (Staatsoper) 71

Imperial, Hotel und Café 89f.

Jägerzeile (Praterstraße) (16) 11f.

Kaisergarten (Burggarten) 16f.

Kaiser-Panorama 122f.

Kärntnerring (12) 14f.

Kärntnertortheater 69f.

Konstantinhügel, Café-Restaurant 48f.

Leidinger, Restaurant 87f.

Leopoldstadt 11f.

Liebhartstal 119f.

Löwelbastei 13, 17

Maria am Gestade, Kirche 96ff.

Matzleinsdorfer Theater 70f.
Mauer 80
Meißl & Schadn, Hotel 90ff.
Musikverein, Wiener 15f.
Neustift am Walde 115ff.
Neustifter Friedhof 118
Neuwaldegg 83, 112
Nobelprater 47ff.
Paradeisgartel (Löwelbastei) 13, 17
Paulanergasse (4) 59ff.
Poliklinik, Allgemeine 25f.
Prater 42ff.
Prateralleen 43f.
Praterstraße, s. Jägerzeile
Quaipark (Kaipark) 28ff.
Rathauspark 28, 30f.
Riedhof 86
Rodaun 79ff.
Sacher, Hotel 88
Salmannsdorf 115f.
Salvatorgasse 96f.
Schottenbastei (3) 13
Schwarzenberggarten 31ff.
Schwerterhaus 96ff.
Schwertgasse (3) 96ff.
Sommerhaidenweg 117
Sophienalpe (Sofienalpe) 82ff., 121

Spöttelgasse (Edmund-Weiß-
Gasse) (7) 101f.
Stadtpark 34
Stefanskeller 85
Sternwartegarten (Sternwartepark)
101ff.
Sternwartestraße (71) 103ff.
Taubstummengasse 61f.
Türkenschanzpark 107ff.
Türkenschanzpark,
Restaurant 109
Venedig in Wien 50f.
Volksgarten 29f., 34
Volkstheater, Deutsches 74ff.
Währing 99f.
Waldsteingarten (Sachergarten
im Waldsteinpark) 47f.
Wieden 58ff.
Wurstelprater (Volksprater) 51ff.
Zu den sieben Schwertern, Haus
96ff.
Zur Glocke, Gasthaus 63f.

Die Schreibweise der Orte in
diesem Buch folgt der Schreibweise in Schnitzlers Texten.

DANKSAGUNG

In den zahllosen Detailfragen, die für dieses Buch zu klären waren, hat
mich Dr. Peter Michael Braunwarth mit ebenso großer Sachkenntnis
wie Hilfsbereitschaft unterstützt. Ihm gilt mein ganz besonderer Dank.
Wilhelm Urbanek, Dr. Franz Kerschbaum, Di. Franz Grafl, Viktor
Kabelka, „Bierpapst" Conrad Seidl und die Familie Heinrich Schnitzler
haben mir ebenfalls mit Informationen oder Fotomaterial geholfen.
Auch ihnen ein herzliches Dankeschön!

DIE AUTORIN

ANNE-CATHERINE SIMON, geboren 1975 in Graz,
Mag. phil., studierte Germanistik, Französisch, Latein
und Konzertfach Violine an den Universitäten Graz
und Wien. Freiberufliche Lektorin, Forschungsschwer-
punkte in der deutschsprachigen Literatur der ersten
Hälfte des 20. Jahrhunderts.

BILDNACHWEIS

Deutsches Literaturarchiv Marbach: Umschlagbild, 1, 2/3, 5, 12 (o.), 13, 19, 22, 30, 33, 46, 54, 58, 77, 82, 86, 99, 110

Historisches Museum der Stadt Wien: 6, 10, 12 (u.), 18, 32, 35, 56, 63, 65, 68, 69, 94, 97, 98, 107, 108

Österreichische Nationalbibliothek: 11 (Foto: Pichler/Wien), 16, 17 (o.), 23, 45, 47, 66, 72, 73, 75, 81, 83, 113, 114, 119, 121

Sammlung Viktor Kabelka, Gießhübl: 17 (u.), 27, 28, 29, 42, 44, 48, 84, 124, 126, 127

Sammlung Dr. Franz Grafl, Wien: 125, 128

Archiv Dr. Christian Brandstätter, Wien: 14/15, 20

Bezirksmuseum Döbling: 109, 116

Bezirksmuseum Alsergrund: 92, 93

Archiv Verlag Pichler: 26, 60

Institut für Geschichte der Medizin, Wien: 24

Filmarchiv AUSTRIA: 122

Gabriele Mondel, Klosterneuburg: 85

Willfried Gredler-Oxenbauer, Wien: 60

Privatbesitz: 91

Familie Heinrich Schnitzler: 76

Berta Schönbauer/ÖRAG, Wien: 38/39

Sammlung Bartel F. Sinhuber: 50

H. de Wijs 3-d photography, AR Vianen: 123

Die Abbildungen auf S. 52, 53 und 55 (Fotos Ernst Mayer) sind dem Buch „Wurstelprater" von Felix Salten entnommen.

Der Plan im Vorsatz wurde dem Buch „Kleiner Wegweiser zu den Sehenswürdigkeiten von Wien" (o.J.), der Plan im Nachsatz dem Buch „Wien. Ein Führer durch Stadt und Umgebung" (1910) entnommen.

Autor und Verlag bedanken sich für die freundlichen Abdruckgenehmigungen. Die Rechtslage bezüglich der reproduzierten Bildvorlagen wurde - soweit möglich - sorgfältig geprüft; eventuell berechtigte Ansprüche werden bei Nachweis vom Verlag in angemessener Weise abgegolten.